Inhalt

I. Schillers Leben –

Daten und Hinweise zur Entstehungszeit und zur Aufnahme von „Kabale und Liebe“

1759 am 10. Nov. wird Johann Christoph Friedrich Schiller in Marbach/Neckar geboren.

1764 Familie Schiller lebt in Lorch (bis 1766).

1766 Schillers Vater, der Hauptmann Johann Kaspar Schiller, wird nach Ludwigsburg versetzt.

1767 Schiller kommt auf die Ludwigsburger Lateinschule. Er soll später Geistlicher werden.

1772 Schiller wird in der Ludwigsburger Garnisonskirche konformiert.

1773 Schillers Vater bringt seinen Sohn nach dreifacher Aufforderung auf die „Militär-Pflanzschule“ (Militärakademie), auf der der Herzog den Verwaltungsnachwuchs seines Landes heranziehen will.

1774 Schillers Vater unterschreibt einen Revers, der den Sohn ganz dem Herzog Karl Eugen überläßt. Hierin gelobt er, daß Friedrich „sich gänzlich den Diensten des Herzoglichen Württembergischen Hauses widmen und ohne darüber zu erhaltende gnädigste Erlaubnuß aus demselben zu tretten nicht befugt seyn... werde.“ Schiller beginnt auf der Schule des Herzogs ein Jura-Studium.

1775 Schillers Vater wird aus dem Militär entlassen und vom Herzog zum Intendanten der herzoglichen Hofgärtnerei auf der Solitude ernannt, d. h. Leiter aller herzoglichen Gartenanlagen im Lande im Range eines Majors. Der junge Schiller wechselt vom ungeliebten Jura-Studium zum neueingerichteten Studiengang Medizin, der nach damaliger Übung auch philosophische und psychologische Kurse enthielt.

1776 Das erste gedruckte Gedicht erscheint: ,,Der Abend" (veröffentlicht im ,,Schwäbischen Magazin").

1778 Schiller schreibt einen medizinischen Bericht über die Todesursache eines Mitschülers: ,,Beobachtungen bei der Leichen-Öffnung des Eleven Hillers".

1779 Schillers erste – allerdings ein Jahr vor der Zeit eingereichte – Dissertation wird abgelehnt, vor allem wegen der allzu kühn empfundenen Angriffe auf anerkannte Autoritäten. Dennoch erhält Schiller bei den Jahrgangsprämierungen zwei Auszeichnungen.

1780 Schiller hält die Akademierede zum Geburtstag der Mätresse des Herzogs, der Reichsgräfin Franziska von Hohenheim: ,,Die Tugend in ihren Folgen betrachtet".

1780 Schiller reicht die Dissertation ,,De discrimine febrium inflammatorium et putridarum" ein. Eine weitere, deutsch geschriebene Dissertation ,,Versuch über den Zusammenhang der tierischen Natur des Menschen mit seiner geistigen" wird gedruckt. Der an der Schule des Herzogs erworbene Doktorgrad berechtigt allerdings nicht zur Eröffnung einer Praxis. Hierzu hätte Schiller in Tübingen nach einem weiteren Jahr Studium eine erneute Dissertation fertigen müssen. Da hierzu die Mittel fehlen, nimmt er die Stelle eines zweiten Regimentsmedikus in Stuttgart an. Das kümmerliche Gehalt von 18 Gulden im Monat ist einer der Antriebe, literarische Arbeiten zu veröffentlichen.

1781 Schiller arbeitet an den „Nachrichten zum Nutzen und Vergnügen" mit. Nach vierjähriger Arbeit stellt er sein erstes Drama, „Die Räuber" fertig.

1782 Uraufführung der „Räuber" in Mannheim (13. 1.). Schiller reist ohne Erlaubnis hin. Nach einer zweiten unerlaubten Reise nach Mannheim bestraft der Herzog Schiller mit 14 Tagen Arrest und untersagt ihm jede weitere nichtmedizinische Schriftstellerei. Ein Angebot Schillers, seine Veröffentlichungen einer Vorzensur zuzuführen, wird nicht angenommen. Am 22. 9. geht Schiller nach Mannheim ins Exil.

Die Arbeit am Drama „Luise Millerin“

Enttäuscht darüber, daß die zweite Fassung seines „Fiesko“ vom Intendanten des Mannheimer Theaters abgelehnt worden war, verließ Schiller Oggersheim und zog nach Thüringen. In Bauerbach, dem Besitz der Mutter eines Stuttgarter Studiengefährten, lebte Schiller unter dem Pseudonym „Dr. Ritter“ vom 8. Dezember 1782 bis zum 24. Juli 1783. Hier wurde das Manuskript der „Luise Millerin“ in wesentlichen Partien geschrieben und schließlich vollendet.

Bauerbach, ein armer, abgelegener Ort, eine 'triste Einöde', bedeutete für Schiller nach der vorangegangenen Zeit des Nomadisierens zunächst Ruhe, Geborgenheit und Sicherheit. Er nahm sich vor, hier die „Luise Millerin“ „in zwölf oder vierzehn Tagen zu beenden“ und auch sonst „entsetzlich viel zu arbeiten“.

Nach Karoline von Wolzogen, der späteren Schwägerin Schillers, soll der Plan zum Drama während des zweiwöchigen Arrestes in Stuttgart entstanden sein, in einer Zeit also, als der Dichter bedrängt gewesen war von Gefühlen des Hasses, der Auflehnung, der Empörung gegenüber fürstlichem Despotismus. Auf der Flucht gewannen Gestalten und Handlung des geplanten Stückes feste Formen.

In Bauerbach nun hielt sich Schiller zwar nicht an den anfänglich selbst gesteckten zeitlichen Rahmen, schaffte es aber bis Mitte Februar, die Hauptpartien des Dramas fertigzuschreiben. Die ursprünglich so ersehnte vollkommene Ruhe wollte sich offensichtlich nicht so recht einstellen. Als zum Jahreswechsel Henriette von Wolzogen und ihre Tochter Charlotte nach Bauerbach kamen, begrüßte er begeistert die Gesellschaft der Damen, deren Unterhaltung ihm für keine Arbeit mehr Zeit ließ.

Charlotte von Wolzogen war äußerlich vollkommen das Vorbild der Luise: sechzehnjährig, hübsch, blond. Schiller verliebte sich

Hals über Kopf in das Mädchen, das ihm zwar zugetan war, seine Neigung jedoch keineswegs gleichermaßen erwiderte.

Nachdem die Damen Anfang Januar wieder abgereist waren, empfand Schiller die Bauerbachsche Einsamkeit zunehmend als Bedrückung.

Er wandte sich wieder seinem neuen Freund Wilhelm Friedrich Hermann Reinwald zu. Diesen hatte er zu Beginn seines Bauerbacher Aufenthaltes durch die Vermittlung Frau von Wolzogens kennengelernt. Reinwald, später Schillers Schwager, war Sekretär der Herzoglich Meiningischen Bibliothek; er sorgte dafür, daß es auch in der Bauerbacher Zeit nicht an Lektüre mangelte. Reinwald verdankte Schiller in dieser Zeit auch die Bekanntschaft mit einer Reihe von Geistlichen der Umgebung, die er abwechselnd besuchte.

Bis Mitte Februar war die „Luise Millerin" so weit vollendet, daß Schiller sich von Reinwald „ein Buch recht gutes Schreibpapier" für die Abschrift ausbat.

Schillers alter Freund Streicher machte inzwischen in Mannheim publik, daß Schiller vor der Beendigung eines bürgerlichen Trauerspiels stünde. Intendant Dalberg, der eine erfolglose Spielsaison hinter sich hatte, wurde aufmerksam und wandte sich in einem unerwartet freundlichen und zuvorkommenden Brief an Schiller, in dem er sich interessiert nach dessen Stück erkundigte.

Schiller stand zu dieser Zeit noch in Verhandlungen mit dem Leipziger Verleger Weygand. Erst als diese Verhandlungen gescheitert waren, gab er Dalberg Auskunft über sein Stück. Dalberg wollte es um jeden Preis für das Mannheimer Theater haben.

Schiller setzte sich nun voll Eile an die Fertigstellung des Dramas: „Meine 'Luise Millerin' jagt mich schon um 5 Uhr aus dem Bette. Da sitz ich, spitze Federn und käue Gedanken. Es ist gewiß und

wahrhaftig, daß der Zwang dem Geist alle Flügel abschneidet. So ängstlich für das Theater – so hastig, weil ich pressiert bin, und doch ohne Tadel zu schreiben, ist eine Kunst. Doch gewinnt meine Millerin, das fühl ich." (Brief am 3. Mai).
Wie zu sehen ist, war der ursprüngliche Schaffensdrang, der Schiller zur Arbeit an diesem Stück getrieben hatte, ziemlich erlahmt.
Auch die zwischenzeitliche Beschäftigung mit anderen Dramenstoffen wie „Maria Stuart" und „Don Carlos" ließen auf ein schwächer werdendes Interessse schließen. Seiner Arbeit fehlte deutlich die Begeisterung.
Desungeachtet nahm er sich vor, die „Luise Millerin" Anfang Mai endgültig für das Theater fertigzustellen.
Doch auch dieses Vorhaben wurde nicht eingehalten. Die Ankunft der Damen Wolzogen Mitte Mai, die sich steigernde Leidenschaft für Charlotte von Wolzogen verhinderten die Weiterarbeit vollends.
Schiller zeigte in dieser Zeit nicht einmal Interesse daran, die sich bietende Gelegenheit zu nützen, Beziehungen zu literarischen Größen in Weimar und Gotha zu knüpfen. In dem Maße wie sich die Beziehung zu den beiden Frauen vertiefte – die von Schillers Seite aus immer überschwenglicher und ausschließlicher wurde – zog er sich von der übrigen Welt zurück, wurde menschenscheu.
Erst nach der Abreise Charlottes (Ende Juni) dachte Schiller wieder an Arbeit und Zukunft. Drängende Geldsorgen bestärkten ihn darin.
Auf den diplomatischen Zuspruch Henriette von Wolzogens ist es hauptsächlich zurückzuführen, daß Schiller endlich nach Mannheim reiste, um die „Luise Millerin" zur Aufführung zu bringen.
Die „Luise Millerin" eröffnete ihm auch die Möglichkeit, einen Vertrag als Theaterdichter abzuschließen.

Schiller sah nunmehr seine schriftstellerische Laufbahn finanziell gesichert und glaubte sich bei einem Festgehalt von 300 Gulden jährlich zuzüglich der Einnahmen aus je einer Aufführung seiner drei Stücke nicht schlecht versorgt. Doch seine mit 1200–1400 Gulden angesetzten finanziellen Erwartungen waren viel zu hoch gegriffen, und der junge Theaterdichter rutschte tiefer in die Schulden als je zuvor. So konnte Schiller einerseits eine enthusiastische gefeierte Aufführung seines auf Anraten des Schauspieler-Dichters Iffland mit dem Titel „Kabale und Liebe" umbenannten bürgerlichen Trauerspiels erleben, andererseits versetzten ihn die wachsenden finanziellen Sorgen in tiefe Zweifel über den von ihm eingeschlagenen Berufsweg. Mannheims Blüte als Kulturstadt begann überdies zu welken, so daß selbst die karge Stelle als Theaterdichter sang- und klanglos auslief. Dahlberg gab Schiller den Rat, wieder einen praktischen, nämlich den medizinischen, Beruf zu ergreifen.
Die Turbulenzen des Mannheimer Aufenthaltes, nämlich noch eine schwere Lungenkrankheit, die nie ganz ausgeheilt worden ist, und die unerfüllt gebliebene Liebe zu einer verheirateten Frau, Charlotte von Kalb, diese Turbulenzen endeten damit, daß seine Wirtsleute die drängendsten Gläubiger befriedigten, und daß Schiller schließlich ein Hilfsangebot von Freunden aus Thüringen annahm. Ohne die Perspektive, in seinem Heimatland als Dichter auch ein Auskommen zu finden, verließ Schiller nunmehr für immer den süddeutschen Raum.

„Kabale und Liebe" – eine bürgerliche Tragödie

Ein „Trauerspiel" behandelte bis zur Mitte des 18. Jahrhunderts nur Probleme von hochgestellten Persönlichkeiten. Bürgerliche erschienen auf der Bühne hauptsächlich als komische Figuren.

Das änderte sich, als Lessing 1755 erstmals in Deutschland eine bürgerliche Person zum Träger der tragischen Handlung erkor. Sein bürgerliches Trauerspiel „Miss Sara Sampson“ verwendete dabei eine Vorlage des englischen Autors George Lillo, der in sein 1731 erschienenes Drama „Merchant of London“ in bürgerlichen Kreisen spielen ließ.

Die soziale Herkunft der handelnden Figuren hatte ihre Bedeutung verloren. Lessing bewertete allein die allgemein menschlichen Aspekte eines Trauerspiels als entscheidend: „Tränen des Mitleids und der sich fühlenden Menschlichkeit sind die Absicht des Trauerspiels oder es kann keine haben.“ (1756)

In seinem klassisch gewordenen Trauerspiel „Emilia Galotti“ fügte Lessing als weiteres Gestaltungselement die Anklage gegen die Willkür der Fürsten und gegen ihre gewissenlosen Verwaltungswerkzeuge hinzu. Sein 1772 uraufgeführtes Stück wurde zum Vorbild für eine Reihe von Proteststücken, die durch die Autoren des Sturm und Drang (Lenz, Klinger, Wagner) noch weit schärfere Vorwürfe gegen die Standesgesellschaft erhoben (vgl. u. S. 103 ff.)

Auch Schiller, mit dessen „Kabale und Liebe“ diese Stücke-Serie 1784 ihren beinahe klassischen Abschluß fand, hat sich an Lessings „Emilia Galotti” geschult (vgl. u. S. 109 ff.).

Doch nicht allein die literarischen Vorbilder à la Lessing bestimmten Schillers Haltung zum Drama. Seine theoretischen Vorstellungen über die gesellschaftliche Funktion des Dramas entlehnte er den damals umlaufenden Thesen des Franzosen Sébastian Mercier. Mercier verkündete, daß das Drama eine Schule für Tugenden und Pflichten des Bürgers sein sollte. Unüberhörbar sind diese Thesen in den Vortrag eingegangen, den Schiller wenige Monate nach der Aufführung seiner „Kabale und Liebe” in Mannheim hielt: „Die Schaubühne als eine moralische Anstalt betrachtet“ (s. u. S. 123 ff.) „Die Gerichtsbarkeit der Bühne fängt an, wo das Gebiet der weltlichen Gesetze endigt. Wenn die Gerechtigkeit für Gold erblindet und im Solde des Laster schwelgt, wenn die Frevel der Mächtigen ihrer Ohnmacht spotten und Menschenfurcht den Arm der Obrigkeit bindet, übernimmt die Schaubühne Schwert und Waage und reißt die Laster von einen schrecklichen Richterstuhl."

I.2 Sprachliche und sachliche Erläuterungen

Titel

Kabale: geheimer Anschlag, Ränkespiel, Intrige.

Personenverzeichnis

Präsident: Vorsitzender des Ministeriums, 'Ministerpräsident'.
Lady: Titel einer adligen Dame.
Favoritin: Geliebte eines Fürsten.

I. Akt, 1. Szene

Der Handel: die Angelegenheit, die Sache.
mit dem Baron: mit Ferdinand von Walter.
ins Geschrei: ins Gerede.
ich biete dem Junker aus: ich verbiete dem Junker mein Haus.
coram nehmen: (lat.) vornehmen, ins Gebet nehmen, streng halten.
auftrumpfen: entschieden seine Meinung sagen.
stecken: hinterbringen, mitteilen.
bringt's mit einem Wischer hinaus: bekommt nur einen Verweis.
Profession: (lat.) Beruf.
raffst Scholaren zusammen: bemühst dich, möglichst viele Schüler zu bekommen.
Kommerz: Verkehr, Handel.
zu einer –: ergänze: Dirne, Hure.
Guten Morgen!: höhnisch statt: ich danke dafür, will nichts davon wissen.
so ein Musje von: (franz.) so ein junger Adliger.
was als: was alles.
wenn er . . . gelöst hat: wenn er schon alle möglichen üblen Erfahrungen in der Liebe gemacht hat.
auf süß Wasser zu graben: einem reinen, unschuldigen Mädchen nachzustellen.
wenn du aus jedem Astloch ein Auge stecktest: wenn du durch jedes Astloch eines Bretterzauns spähtest, d. h. wenn du noch so wachsam wärest.
auf der Nase beschwatzen: vor der Nase beschwatzen.
eins hinsetzen: ein Kind zeugen.
führt sich ab: macht sich fort.
verschimpfiert: beschimpft.

hat's Handwerk verschmeckt: hat Geschmack am Dirnenhandwerk gefunden.
Es hat sich zu behüten: es hat sich was mit dem Behüten, es wird doch so.
Windfuß: Leichtfuß.
führt seinen netten Fuß: hat einen netten Gang.
Unterm Dach: unter der Schädeldecke, im Gehirn.
parterre: (franz.) zu ebener Erde; hier: bei den körperlichen Reizen.
Rodney: Millers Hund. – Rodney war ein berühmter englischer Seeheld, der im 18. Jh. glänzende Siege über die französische Seemacht davontrug.
nun müssen alle Segel dran: nun wird mit vollen Segeln gefahren.
Billetter: Briefchen.
als schreiben tut: immer schreiben tut.
pur: (von lat. purus „rein") lediglich, bloß.
darf nur das gute Herz Boten gehen lassen: braucht sich nur des Gemüts zu bedienen.
topp machen: einig sind.
nehmen die Körper ein Exempel: nehmen sich die Körper ein Beispiel an den Gemütern.
der silberne Mond usw.: der das Gemüt beim Stelldichein weich gestimmt hat, hat eben durch seinen Einfluß auf die Empfindsamkeit das Verhältnis zustande gebracht.
Du hast den Witz davon: du hast die Einsicht davon, du hast's verstanden. Die beschränkte Frau, die nie gesehen hat, daß jemand etwas anderes als ein Gebetbuch liest, hält die Romane, die Ferdinand ihrer Tochter bringt, für Gebetbücher und denkt, diese bete daraus.
Kraftbrühen der Natur: ungeschminkte Zeichen der Sinnlichkeit.

Bellatristen: jetzt „Belletristen“ (franz.): Verfasser schöngeistiger Schriften.
Alfanzereien: dummes Zeug.
spanische Mucken: spanische Fliegen, ein medizinisches Reizmittel.
verschlägt: verscheucht.
die Präsenter: volkstümlich für „Präsente“ (lat.), d. h. Geschenke des Majors.
schier dich: schere dich.
infam: ehrlos.
Sonanzboden: Resonanzboden.
geschmeckt: gerochen.
disguschtüren: disgustieren (lat.), den Geschmach verderben, vor den Kopf stoßen.
Ich heiße Miller: ich empfehle mich.

I. Akt, 2. Szene

Sekertare: statt „Sekretarius“. Die Frau des Musikus täuscht auf unbeholfene Weise Bildung vor.
von Ihnen: von Ihrem Besuche.
Frau Base: wie „Herr Gevatter, Herr Nachbar“ und im folgenden „Herr Landsmann“ und „Herr Vetter“ vertrauliche Anrede an eine bekannte Person.
eine Kavaliersgnade einspricht...: ein Edelmann gnädig Besuch abstattet... Zu den Standesunterschieden, auf die hier angespielt wird, s. u. S. 77 ff.
mein bürgerliches Vergnügen: das von mir, einem Bürgerlichen, bereitete Vergnügen zählt nichts.
je und je: immerzu.
das Bläsier: statt „das Pläsier“ (franz. plaisier), das Vergnügen.

Gewesene: weil sie ihn nun vielleicht gar nicht mehr ansieht.
vom Herrn Sekertare: nämlich geheiratet zu werden.
vor seinem Glück sein: seinem Glück hinderlich sein.
merken: verstehen.
Jabot: (franz.) die am Hemd befestigte Brustkrause der männlichen Tracht im 18. Jh. und in der 1. Hälfte des 19. Jh., meist aus Spitze oder gefälteltem Batist; in der Frauentracht ein mit Spitzen und dgl. besetzter Brustlatz.
barrdu: (franz. partout) durchaus.
Was für ein Engel usw.: was für eine Dummheit offenbart sich in diesem Geschwätz.
schmäl: schmäler.
das seinen guten Haushälter nähren kann: das seinen Mann ernähren kann, wenn er ein guter Haushälter ist. Zur Erläuterung s. u. S. 92.
mich höher poussieren: es höher bringen (poussieren von franz. pousser „stoßen, treiben")
herumgeholt: überredet, eingenommen, betrogen.
schmecken: Geschmack finden.
Konsenz: (lat.) Einwilligung.
gemünzt: bestimmt.
werden Sie mich kennen: ergänze: und daher loben.
daß dich alle Hagel: ergänze: träfen; ärgerlicher Ausruf, nicht auf Wurm zu beziehen.
zu spitzig: auch für einen Kapellmeister, der doch feine Tonunterschiede verstehen muß, zu fein.
durch diesen altmodischen Kanal: durch Vermittlung des vorher befragten Vaters. Zur Erläuterung s. u. S. 91.
Hat er's Kourage nicht: richtiger „die Courage" (franz.), den Mut.
sein Gewerb' bestellen: seinen Plan ausführen, seine Absicht erreichen.

den schwarzen gelben Tod: er denkt an die Abbildung des Todes als Gerippe mit gelblichen Knochen und schwarzem Gewande oder auch an die Pest.
auf seinem Gänsekiel reiten: ein „Federfuchser" bleiben und keinen Mann vorstellen wollen (Anspielung auf Wurms Beruf).
Obligation: Verbindlichkeit; hier ironisch: ich bin Ihnen sehr verbunden für Ihre Mitteilung.
Operment: (aus lat. auripigmentum) Schwefelarsen, Rausch-, Königsgelb.
Federfuchser: verächtlich für „Schreiber".
konfisziert: verdächtig aussehend, spitzbübisch.
für purem Gift: rein aus Ärger.
man wird dir's Maul sauber halten: man wird dir Wurm einen solchen leckeren Bissen, wie unsere Luise ist, nicht ins Maul schmieren.
in Harnisch gebracht: zornig gemacht.
Das ist mir der Alte: den kenne ich ganz genau; das ist gerade der Rechte, dem man so etwas sagen darf.
am Marktbrunnen ausgeschellt sein soll: allgemein bekannt sein soll wie eine durch den Ausrufer unter Klingeln auf dem Markt bekanntgemachte Mitteilung.

I. Akt, 3. Szene

ein Buch: ein Gebetbuch; sie kommt ja aus der Kirche.
Eine schwere Sünderin: sie hat wohl in der Kirche eine Predigt über sündiges Begehren gehört und denkt dann an den geliebten Ferdinand.
ich fürchte: ergänze: daß Ferdinand mehr über mich vermag als der Himmel.
Wenn wir ihn gelobt: vgl. Lessing, Emilia Galotti I.4.: „O, Sie wissen ja wohl, Conti, daß man den Künstler dann erst recht lobt,

wenn man über sein Werk sein Lob vergißt.“ Diese Bemerkung Luises ist eine „Lesefrucht“, eine „Frucht von dem gottlosen Lesen“ der ihr von Ferdinand gebrachten schöngeistigen Schriften.

ein schlechtes Mädchen: ein schlichtes, kein adliges Mädchen.

ein Veilchen . . . unter ihm sterben: vgl. Goethes Ballade ‚Das Veilchen‘:

„Es sank und starb und freut' sich noch:
‚Und sterb' ich denn, so sterb' ich doch
Durch sie, durch sie,
Zu ihren Füßen doch.‘ “

Bodensatz: das, was mir im Leben noch übrigbleibt.

den Immermangelnden erkannte: den ersehnten Geliebten in ihm erkannte.

Tautropfe Zeit: die Zeit ist ja nur ein Tropfen im Meer der Ewigkeit.

wenn die Schranken des Unterschieds einstürzen: Zur Erläuterung s. u. S. 71 ff.

für seinem Mädchen: vor seinem Mädchen.

über die Planke: über den Gartenzaun.

I. Akt, 4. Szene

Daß du doch wüßtest usw.: wie schön über alle Standesunterschiede hinweg . . .

Ein Dolch über dir und mir: Anspielung auf das „Damoklesschwert“, das Sinnbild drohender Gefahr.

zwoer Herzen: richtiger: zweier Herzen.

der Riß zum unendlichen Weltall: der Plan des Weltalls, wonach wir von Ewigkeit her füreinander bestimmt sind.

der Landeswucher meines Vaters: die Auswucherung des Landes durch meinen Vater.

wie der Zauberdrach' usw.: wie der einen vergrabenen Schatz behütende Drache.
keinen Engel mehr: keinen anderen Schutzengel als mich.
wie Furien: wie Rachegöttinnen.

I. Akt, 5. Szene

Attachement: Verhältnis.
der Bürgerkanaille: der Schurkin aus dem Bürgerstande.
Flatterien: (franz.) Schmeicheleien.
Witz genug hat, in seinen Beutel zu lügen: Schlauheit genug besitzt, um zu seinem Vorteil zu betrügen.
Setzt er es noch dazu durch: verführt er sie völlig.
die Farce: (franz.) der Spaß, das Liebesspiel.
die guten Aspekten meines Stammbaums: Ferdinand wird dann auch in legitimer Ehe sein Geschlecht fortpflanzen, das nach II.3 schon 500 Jahre besteht.
die Skortationsstrafe: das dem unbescholtenen verführten Mädchen zustehende ,,Kranzgeld" und die Entbindungskosten. (Skortation von lat. scortari ,,Unzucht treiben").
Schelm: Schurke.
Die Karolin: richtiger *der* Karolin, auch Karlin oder Karldor genannt, eine zuerst 1726 von dem bayer. Kurfürsten Karl Albert geschlagene Goldmünze zu 10 Gulden (19 Mark), vielfach in anderen süddeutschen Staaten nachgeahmt.
Münze: Münzstätte, Prägewerkstätte.
frisch . . . Bankier: völlig neu oder nachdem das Stück schon durch mehrere Hände gegangen ist.
Mariage: Heirat.
geometrisch ermessen: die Reize der Braut körperlich genossen hat.

Ich mache hier gern den Bürgersmann: ich verzichte gern auf diese Duldsamkeit eines adligen Bräutigams.
Anschlag: Anordnung, Befehl.
auf die Ankunft: wegen der Ankunft.
Springfedern . . . hineinspielen: meine wichtigsten Machtmittel in der Beeinflussung der Sinnlichkeit des Fürsten liegen.
der Präsident . . . der Vater usw.: daß Ihre politischen Absichten und Pläne Ihnen mehr am Herzen liegen als Ihre väterliche Fürsorge für das Glück des Sohnes, die auch etwas mitspielen mag. Hoffentlich erwidert der Sohn diese väterliche Sorgsamkeit („Zärtlichkeit") durch Gehorsam.
Seinen Argwohn: Wurms Argwohn.
Kugeln schleifen: als Festungsgefangener mit einer Kette am Fuße befestigte Kugeln hinter sich herschleifen.
Schröter: Schrotkäfer, Bockkäfer, dem die Knaben einen Faden ans Bein binden, um ihn am Entfliehen zu hindern. Auch der Hirschkäfer heißt so (mhd. schroetel).

I. Akt, 6. Szene

Kammerherrnschlüssel: als Zeichen seines Amtes auf die Rockschöße eingestickt.
zwei Uhren: von denen man die Uhrketten rechts und links sieht; damaliger Brauch, um ganz genaue Zeit zu haben.
Chapeaubas: (franz.) niedriger Hut mit dreieckiger Krempe, der bequem unter dem Arm gehalten werden konnte.
à la Hérisson: (franz.) „wie ein Igel"; damalige Modefrisur: gepudertes, zu beiden Seiten hochtoupiertes Haar.
Bisamgeruch: Moschusgeruch.
Parterre: Zuschauerraum.

Arrangement der Parteien: Zusammenstellung der Personen, die in einem Schlitten miteinander fahren sollen.
Lever: die Morgenaudienz des Fürsten.
Eine Tagesreise: übertrieben für „sehr weit" (bis zurück nach seiner Wohnung).
fingiere: täusche vor.
in der Antichamber: Vorzimmer (des Herzogs).
Impromptu . . . Witzes: Stegreifabenteuer . . . der Klugheit.
wissen mir: für mich.
einen Merde d'Oye-Biber: einen Biberpelz von Gänsedreckfarbe, was die neueste Mode war.
Zeitung: Neuigkeit.

1. Akt, 7. Szene

deine Zirkel: die Kreise deiner Standesgenossen.
vor . . . Grille: eher als eine einzige Grübelei.
in meine Entwürfe zu spielen: meinen Entwürfen dich anzupassen.
dem Romanenkopf: dem, dessen Kopf voll ist von den schönen Romanphrasen von Recht, Edelsinn und Menschlichkeit.
Skorpion: Spinnentier mit Giftstachel, hier in biblischer Bedeutung „Stachelpeitsche".
wenn anders die Gewalt usw.: wenn man die tatsächliche Ausübung der Gewalt für soviel erachtet wie ihr äußerliches Zeichen. Gemeint ist die Herzogswürde.
in dieser buntscheckigen Tollheit: in dieser Tollheit eines Narren oder Hanswurstes. Der Narr oder der Hanswurst trat in einem buntscheckigen und geflickten Kostüm auf.
Ohne Komplimente: geradeheraus gesagt.
Welcher Schandsäule usw.: das Volk brachte gern Schmähgedichte oder Namen verhaßter Personen an der Schandsäule, dem

Pranger, an. Ferdinand will also sagen, daß der Name der Milford zu den schandbarsten gehört.
Distinktion: Auszeichnung.
privilegierte Buhlerin: bevorzugte und öffentlich anerkannte Geliebte.
an einem dritten Orte zu wechseln: also nicht im Fürstenpalais, auch nicht im väterlichen Hause, sondern bei der Milford mit dem Fürsten in der Liebe abzuwechseln.
unter den Menschen hinunterkriecht: sich durch Sinnlichkeit zum Tier erniedrigt.
Hinwerfung: Erniedrigung, Entehrung.
die Parole: Losung, die täglich am Ende der Wachparade ausgegeben wurde.
deines Englands: die Milford behauptete, von dem englischen Adelsgeschlecht der Norfolks abzustammen.

II. Akt, 1. Szene

Negligé: Morgen-, Hauskleid.
phantasieren: nicht nach Noten spielen, sondern, was einem die Phantasie eingibt, improvisieren.
Wie ein Verbrechen usw.: sie meint ihre Vergangenheit.
Assemblée: die Hofgesellschaft.
die l'Hombretische: die Tische für das L'hombre (von spanisch hombre „Mensch“) Kartenspiel für drei Personen, das Nationalspiel der Spanier, in Deutschland fast ganz vom „Skat“ verdrängt.
wo ich sie: die Hofgesellschaft.
Filet: weibliche Handarbeit, Herstellung netzartiger Geflechte (franz. „Netz“).
Sackuhren: Taschenuhren.

den witzigsten Kopf: den geistreichsten Kopf. Witz bedeutete damals „Klugheit, Geist".
auf dem Bettelstabe: im Zustande seiner sinnlichen Erniedrigung.
Talisman: Gegenstand von vermeintlich zauberkräftiger Schutzwirkung.
den Saft von zwei Indien: die Erzeugnisse, besonders Wein, aus Ost- und Westindien.
in stolzen Bögen: als Luxusfontänen, statt sie wirtschaftlichen Zwecken dienstbar zu machen.
das Mark seiner Untertanen: das durch ihre Tüchtigkeit erworbene Geld.
exequieren: gewaltsam hinführen.
was helfen mich: altertümlich für „was helfen mir".
wenn ich es nur von meinem Ehrgeiz erhalten könnte: wenn es nur mein Ehrgeiz zuließe.
den ich jetzt denke: an den ich jetzt denke.
ahndete: altertümlich für „ahnte".

II. Akt, 2. Szene

siebentausend Landeskinder: zum Soldatenhandel s. u.S.68, 70.
das Joch Menschen: wie „ein Joch (=Paar) Ochsen".
den Lärmen: jetzt „den Lärm" d. h. den Alarm, das Marschsignal.
schlug: mit der Trommel.
mitunter: dazwischen.
dienen jetzt ihren Gläubigern usw.: sind durch die Not in Schulden geraten und müssen diese nun in harter Schuldknechtschaft abarbeiten, oder sie haben sich entschließen müssen, die schwere, ungewohnte und ungesunde Arbeit in den fürstlichen Bergwerken aufzunehmen.

in den Schachten: jetzt „in den Schächten".
in die Landschaft: zu den Landständen, die den Schmuck verpfänden oder verkaufen sollen.
unter dem schrecklichen Geschirr solcher Tränen: sie vergleicht den Haarschmuck mit dem prächtigen Kopfputz eines Pferdes und die Edelsteine mit Tränen.
mehr Brillanten und Perlen: Dankestränen der Beschenkten.
Eduard: Vorname des Bedienten.

II. Akt, 3. Szene

Ich bin seine Schuldnerin: ich bin ihm hierfür zu Dank verpflichtet.
Kavalier: eigentlich: Reiter, Ritter, hier: Mann von ritterlichem Verhalten, Adliger.
Die Sprache des Herzens: ergänze: das eine andere liebt,
meines Wappens: d. h. meines 500 Jahre alten Adels, der durch diese unedle Mätressenehe befleckt wird,
und dieses Degens: d. h. meiner Offiziersehre, die dadurch ebenfalls geschändet wird.
Handlungen münzen wie seine Dreier: den Handlungen der Menschen seinen Willen so aufprägen wie sein Bild den Dreipfennigstücken.
den Hermelin: den Mantel aus Hermelin.
daß der Preis usw.: daß er gerade sie zur Gattin bekommt, ist am Ende noch schlimmer als das Opfer, daß er Liebe, Adel und Ehre entweiht.
zu räuchern: Lob zu spenden, wohlriechendes ‚Weihrauch abbrennen'.
überlebte Tugend die Ehre: blieb trotz Preisgabe des Körpers die Seele doch edel.

die nicht mehr als eine Nacht braucht usw.: die in einer einzigen Schäferstunde den Herzog bestimmen kann, ihren Gegner zu vernichten.
Thomas Norfolk: Th. Howard, Herzog von Norfolk (1536-72), plante heimlich, sich mit der gefangenen Maria Stuart zu vermählen und wurde deshalb 1569 gefangengesetzt. Nach seiner Freilassung trat er 1571 an die Spitze einer Verschwörung zugunsten Maria Stuarts gegen Elisabeth, wurde aber wieder gefangen und enthauptet (1572). Schiller plante schon, als er „Kabale und Liebe" beendete, eine „Maria Stuart" zu schreiben.
der Parlamente: richtiger nur „des Oberhauses". Das englische Oberhaus, the House of Lords, ist noch heute das oberste und letztinstanzliche Gericht in Großbritannien.
Ihres Geschlechts: des Adels.
in großen Bewegungen: zeigen ihre große Erregung.
graute mich an: lag mit Grauen vor mir.
Konkubine: Beischläferin, Mätresse.
sterbende Schülerinnen usw.: von ihrem Lehrer verführt.
das Lamm: die Opfer fürstlicher Wollust.
Serail: Palast.
kokett: putz- und liebessüchtig.
die verlorne Sache der Unschuld . . . gerettet: durch Liebkosung des Herzogs bereits verurteilten Unschuldigen zum Rechte verholfen.
jede Anklage meiner fürstlichen Geburt widerlegen: jeden Vorwurf, den der Gedanke an meine fürstliche Geburt mir wegen meiner Stellung machte, dadurch widerlegen, daß ich diese nur zu hochherzigen Zwecken benutzte. – Die ganze Schilderung paßt auf das Verhältnis des Herzogs Karl von Württemberg zu seiner Mätresse Franziska von Hohenheim, die ebenfalls den vom Herzog vorher zahlreich begangenen Frauenschändungen möglichst Einhalt zu tun suchte.

deinem Bild zu entfliehen: um der Erinnerung an dich zu entfliehen.
Konvenienzen: herkömmliche Anschauungen.
alle Minen sprengen: wie der Belagerer alle Pulverminen explodieren läßt, um die Festung zu erobern, so will sie nichts unversucht lassen, ihr Ziel zu erreichen.

II. Akt, 4. Szene

sprengt ihn ängstlich an: tritt ängstlich schnell zu ihm.
blaues Donnermaul: die du das Blaue vom Himmel herunterschwatzt.
diabolisch: teuflisch.
spukt: treibt sich herum.
wem der Teufel ein Ei in die Wirtschaft gelegt hat: wie der Kuckuck, der als Teufelsvogel gilt, anderen Vögeln zum Schaden ihrer Nachkommenschaft sein Ei ins Nest legt, so sagt man, der Teufel „lege ein Ei in die Wirtschaft", bringe in ein Haus Anlaß zum Unheil.
Jetzt hab ich's blank: jetzt hab' ich den deutlichen Beweis.
rekommendiert: richtiger „rekommandiert", d. h. empfohlen.
Diskant: Oberstimme, hohe Stimme.
mein blauer Hinterer: indem ich Stockhiebe bekomme. Er denkt an das „Stockhaus" (Zuchthaus).
Konterbaß: richtiger „Kontrabaß", die Baßgeige, das größte und tiefste Streichinstrument der Geigenfamilie.
der Tintenkleckser: d. h. Wurm.
ich zuerst usw.: ehe er mich noch fragt.
makeln: vermitteln.
fischen: ergattern, erlangen (Geschenke).

sorg auch für deinen Kuppelpelz: der Heiratsvermittler bekam nach altem Brauch bei erfolgreicher Tätigkeit einen Pelz geschenkt. Der Kuppelpelz der Millerin wird in harter Strafe bestehen.

II. Akt, 5. Szene

Weltrichters: Gottes.
aus dem gefährlichen Kampf: der Wahl zwischen dir und der Lady.
das ihm kuppelte: das ihm als Kupplerin diente.
diese Insektenseelen: diese kleinen kaltblütigen Seelen der Hofleute.
den Faden zwischen mir und der Schöpfung: d. h. das Band zwischen Sohn und Vater, das in der Schöpfung (im Leben) für heilig gilt.

II. Akt, 6. Szene

sie droht eine Ohnmacht: sie läßt eine Ohnmacht befürchten.
anstreichen: bestreichen, aufwecken, aber nicht mit belebenden Essenzen, sondern mit harten Worten.
das Echo: Ferdinand.
Aber er bezahlte usw.: der Präsident behandelt Luise als Dirne.
Verschluß: gemeiner Ausdruck für „Beischlaf".
Sie hatten einmal usw. ich war Ihnen, als Vater, mein Leben schuldig, habe aber nach dieser unväterlichen Handlung keine Verpflichtungen mehr gegen Sie.
wer das Kind eine Mähre schilt usw.: ... schlecht macht, beleidigt auch den Vater.

Adagio: langsames Musikstück.
kommt die Lieferung usw.: brauchen wir Bürgersleute nicht die Koketten zu liefern.
devot: unterwürfig.
Promemoria: Denkschrift, Eingabe, Gesuch.
halten zu Gnaden: soll keine Unterwürfigkeit, sondern bei allem schuldigen Respekt die feste Meinung ausdrücken.
Metze: ehrloses Frauenzimmer.
Die Gerechtigkeit usw.: die Justiz, das Gericht, soll ihm helfen, seine Wut an den Millers auszulassen.
meine Plane: altertümlich für „Meine Pläne".
Der Leibschneider: in kindlicher Unbefangenheit denkt Miller, die Fürsprache des beim Fürsten beliebten Leibschneiders könne ihm gegen den allmächtigen Minister zu seinem Recht verhelfen.

II. Akt, 7. Szene

wenn sie nur erst das eiserne Halsband um hat usw.: wenn sie als Dirne an den Pranger, die Schandsäule, (mit dem eisernen Halsband) angeschlossen ist und von der rohen Menge mit Steinen beworfen wird.
wer nicht auch die Hirnschale usw.: wer nicht nur seine Dienste, sondern auch sein Leben der Behörde vermietet hat.
Pasquill: Schmähschrift.
possierlich: spaßhaft, drollig.
Spektakel: Schauspiel.
wenn deine Klinge auch spitzig ist: wenn du mit deinem Degen nicht bloß drohen, sondern auch stechen kannst.

III. Akt, 1. Szene

beschimpft: verurteilt und bestraft (etwa am Pranger zu stehen).
eintreiben: in die Enge treiben; einschüchtern.

Ambition: Ehrgeiz.
des Patrioten: der das Land von dem schurkischen Präsidenten, seinem eigenen Vater, zu befreien trachtet.
Piquet: franz. Kartenspiel, nach seinem Erfinder Piquet genannt.
den Feind: sich als Feind.
Ein Gran: (lat. granum „Korn") kleines Apothekergewicht (jetzt: „das" Gran).
mein Hals: mein Leben, da mein Sohn mein Geheimnis offenbart.
Billet doux: (franz. „süßes Briefchen") Liebesbrief.
auf und nieder: ganz und gar.
Halsprozeß: Prozeß auf Leben und Tod wegen Beleidigung des Präsidenten, der als Günstling und Siegelbewahrer gewissermaßen der „Schatten der Majestät" des Fürsten ist.
Kobold: Schreckgespenst; wie man mit einem aus Lumpen zusammengeflickten Popanz die Kinder schreckt, so will Wurm „den armen Schächer" mit der juristisch nicht stichhaltigen Drohung eines Majestätsbeleidigungsprozesses schrecken.
von peinlicher Anklage: von strafrechtlicher Verfolgung.
bis die ganze Familie einen körperlichen Eid darauf ablegt usw.: indem sie entweder mit den Händen („körperlich") die heilige Schrift bei Eide berührt oder indem sie gelobt, daß ihre Körper bei Bruch des Versprechens verfallen sollen.
ihre Reputation wiedergebe: ihren guten Ruf wiedergebe, indem ich sie heirate.
Eau de mille fleurs: Tausendblütenwasser, feiner Duftstoff.
eine Handvoll Dukaten: er macht seine Albernheit durch seinen großen Reichtum wieder wett.
die Delikatesse: das Zartgefühl, den feinen Geschmack.
so skrupulös: so bedenklich, um das für unwahrscheinlich zu halten. Ferdinand wird es schon glauben.
Aufstand: Aufsehen.

III. Akt, 2. Szene

en passant: im Vorbeigehen.
Dido: Oper des italienischen Dichters Metastasio (1696-1782), in der am Schlusse die Heldin aus Verzweiflung über den Verrat ihres Geliebten Äneas die Stadt Karthago in Brand steckt. Der Titel der italienischen Oper lautet: Didone abbandonata (die verlassene Dido).
das süperbeste Feuerwerk: das großartigste Feuerwerk.
das meine ganze Herrlichkeit in die Luft nimmt: das mich mit meiner ganzen Herrlichkeit in die Luft sprengt.
poussiert: emporbringt, steigen läßt.
fixieren: sicherstellen.
Windmacher: Verbreiter falscher Gerüchte; Schwindler.
sein Fortune: sein Glück.
mon Dieu: mein Gott.
Oberschenk: Mundschenk.
den ersten Englischen: auf dem man zum ersten Mal den englischen Tanz tanzte.
Domino: Maskenkostüm.
Redoutensaal: Tanzsaal.
Kompliment: artiger Dank.
Impertinent: unverschämt.
Malice: Bosheit, Tücke.
bizarr: sonderbar.
nicht so verstanden: nicht so gemeint.
Die Welt ist noch anderswo: ich finde noch anderswo in der Welt meinen Platz; es muß nicht hier sein.
Ein Bonmot von vorgestern: eine überlebte Größe (Bonmot: Witz).
Rendezvous: Stelldichein.
Mort de ma vie!: (franz. „Tod meines Lebens!") Fluch.

waschen: anfahren, ihm den Kopf waschen.
Amouren: Liebschaften.
berichtigen: richtig besprechen.
Importance: (franz.) Wichtigkeit.

III. Akt, 4. Szene

den Riesensprung: über die kindliche Rücksicht hinweg.
Summen auf meinen Vater: Kredit auf meines Vaters Namen.
den die Rache . . . hält: den der rächende Gott selbst dann erfüllt, wenn ein schwerer Verbrecher ihn getan hat.

wie ein Gespenst usw.: Anspielung auf die Sage vom „Fliegenden Holländer", der auch infolge seines Fluches „von Meer zu Meer" gejagt wurde.
die allgemeine ewige Ordnung: der Standesunterschiede.
in einsamen Mauern: im Kloster.

III. Akt, 6. Szene

Schandbühne: Pranger, wie ihn der Präsident ihr angedroht hat. Sie meint, Wurm hätte doch gleich auf den Marktplatz gehen können, um sie, seine erhoffte Braut, vom Pranger abzuholen, da er doch der Urheber jener Drohung des Präsidenten sei, die jetzt gewiß verwirklicht werde.
Turm: Gefängnis.
Auffallend zu ahnden: in ungewöhnlicher Weise zu bestrafen.
Himmlische Vorsicht!: Vorsehung!
keinen haben: sein Vater ist ja kein Vater.
Im Spinnhaus: im Zuchthaus, wo die Frauen mit Spinnen beschäftigt wurden.

Zeitung: Neuigkeit.
den Eulengesang: nach dem Volksglauben weissagt der Ruf der Eule (des Kauzes) Unglück.
das Eisen erst langsam . . . : wie beim Rädern der Henker erst von unten herauf die Gliedmaßen und zuletzt den Brustkorb mit dem eisernen Rade zerdrückt.
Sie wird doch nicht – : ergänze: ‚sich ein Leid antun?'
Supplikantin: Bittstellerin.
um diese gnädige Taxe nicht überfordert finden: nicht finden, daß die Bedingung, die der Herzog hinsichtlich der Freilassung ihres Vaters stellen wird (sich ihm preiszugeben) eine zu hohe Forderung sei.
Cherubim: Mischgestalten aus Mensch und Tier (nach jüdischer Lehre) bzw. Engel (nach christlicher Überlieferung), die heilige Orte überwachen.
meiner Willkür . . . : bezieht sich auf Wurms ,,wieder frei machen wollen". Die Gegner tun so, als ob sie es ihr überließen, ob sie wolle oder nicht.
Argus: hundertäugiger Riese der griechischen Sage.
wieso, liebe Jungfer?: wieso wäre das etwas Entsetzliches?
das Sakrament drauf nehmen . . . das Siegel geben: die Einnahme des Abendmahls soll das Siegel, die Bekräftigung des Schwures, nichts zu verraten, sein.

IV. Akt, 1. Szene

am Pharotisch: beim Glücksspiel Pharao, so benannt nach dem früher auf einem der Kartenblätter abgebildeten ägyptischen Pharao.

IV. Akt, 2. Szene

Grimasse: Verstellung.
Koketten: Gefallsüchtige.

IV. Akt, 3. Szene

vielleicht laß ich mich desto besser als Kuppler an: höhnisch: vielleicht kann ich Ihr Liebesverhältnis mit Luise fördern.
Dieses Schnupftuch da fassen Sie!: bei dem Schießen über dem Schnupftuch setzten die Gegner die Pistole einander auf die Brust oder die Stirn.
daß du . . . etwas in deinen Hirnkasten kriegst!: nämlich meine Kugel.
dafür wird gebeten sein: das wollen wir uns verbitten.
Der Notnagel zu sein, wo die Menschen sich rar machen?: mit Diensten, zu denen sich wirkliche, d. h. gute Menschen nicht bereit finden, in der Not auszuhelfen?
siebenmal kurz . . . : bezieht sich auf die beständigen Bücklinge des Höflings, vgl. III.1 „im rechten Tempo, auf eine geschickte Art, groß und klein zu sein".
der Mietgaul seines Witzes zu sein: sich vom Witze seines Herrn so schlecht behandeln lassen, wie ein Mietgaul vom Sonntagsreiter.
Ich führe dich: wenn wir jetzt zusammen zur Hölle gehen.
wie ein seltenes Murmeltier: das Murmeltier wurde früher von herumziehenden Schaustellern abgerichtet und gegen Geld gezeigt.
die ewige Verzweiflung: die Hölle.
der Schmerzenssohn: die traurige Gestalt.
dem sechsten Schöpfungstag . . . :am sechsten Schöpfungstag schuf Gott den Menschen.

Als wenn ihn ein Tübinger Buchhändler . . . : Die beiden Tübinger Buchdrucker Schramm und Frank waren damals dafür bekannt, daß sie schlechte Nachdrucke herstellen ließen.
Unze: Gewicht von etwa 31 Gramm, während das Durchschnittsgewicht des männlichen Gehirns ca. 1400 Gramm beträgt.
so schlecht . . . wuchert: so wenig Ertrag bringt.
von Sünden zu entwöhnen . . . : wenn ein lebenslustiges Mädchen einen derartigen Kerl sieht, wird sie eher der Liebe abschwören, als ihr nachgeben.
Toleranz: Duldung:
Mit Trebern und Bodensatz noch Kreaturen speist: der mit dem, was andere Geschöpfe verabscheuen, noch gewisse elende Kreaturen am Leben erhält.
Treber: Rückstände beim Weinkeltern und Bierbrauen.
Blindschleichen und Taranteln: im Volksaberglauben für giftig gehalten. Tarantel: (ital.) eine in Südeuropa nicht seltene, hellbraune Spinnenart, etwa 2-3 cm lang, die in Erdhöhlen lebt. Ihr Biß verursacht eine schmerzhafte Entzündung, ist aber sonst ungefährlich.
zur Ausfuhr des Giftes: zum Ausspritzen des Giftes.
Bicêtre: (sprich: bissätr) berühmtes Hospital im Südwesten von Paris, ursprünglich ein altes Ritterschloß, später Armen-, Kranken- und Irrenhaus.
zu buhlen: selbst ausschließlich sinnlicher Verkehr mit diesem Mädchen muß reizender sein als idealer Umgang mit anderen Mädchen.
sie könnte den Wert der Seele herunterbringen . . . : sie könnte bewirken, daß man den Wert der Seele gering achtet.

IV. Akt, 4. Szene

Fordre sie mir nicht ab!: Gott fordert zwar: ‚Die Rache ist mein', doch diesmal soll die Rache bei dem Menschen Ferdinand verbleiben dürfen.

IV. Akt, 6. Szene

die mit meinem Herzen so harmonisch fühlt: die denselben Mann liebt wie ich.
nahm sie sich: benahm sie sich.
Antichamber: Vorzimmer.
Heiducken: Bediente in der Tracht des ungarischen Volksstammes der Heiducken.

IV. Akt, 7. Szene

Mühe um die Klientin oder Patronin?: sie will sagen: Meinst du, daß es dem Fürsprecher (Ferdinand) mehr um die Patronin (Gönnerin) oder um die Klientin (Empfohlene) dabei zu tun war?
Mehr Schelmerei . . . : sie verstellt sich mehr, als dieses offene Gesicht es erwarten läßt.
Auf dem unberührten Klavier: in ihrer Unschuld.
eines Morgenrots: der beiderseitigen ersten Liebe.
worauf sie so trotzig tut: worauf sie so eingebildet ist.
gehört mir so wenig . . . : habe ich so wenig geschaffen wie meine Herkunft.
nicht im Feuer vergoldet: bleiben nicht immer so.
massiv: echt.
der einen Demant kaufte . . . : der um die Liebe warb, weil das Äußere schön war.
Grazien: griechische Göttinnen der Anmut.
Lose: Übermütige.

Die Promessen Ihrer Gestalt: das, was sie sich von ihrer Schönheit verspricht, ihre Hoffnungen auf den Eindruck ihrer Schönheit. Promessen: Versprechungen, schmeichelhafte Vorspiegelungen.
Manieren und Welt: Umgangsformen der vornehmen Welt.
Skorpion: gemeint ist Luise für das Gewissen der Lady, falls die Bürgerstochter den Dienstposten bei der Lady angenommen hätte.
Maximen: Grundsätze.
ein feuriges Interesse: die Liebe zu Ferdinand.
Henkerstuhl: der Stuhl, an den hinzurichtende Frauen gebunden wurden. Eine solche Frau lacht, wenn kurz vor ihrer Hinrichtung die Welt unterzugehen beginnt, denn sie hat ja nichts mehr zu verlieren.
meinen ewigen Anspruch: jeder Mensch hat von Ewigkeit her einen Anspruch auf die Freuden der Welt.
seine Übereilung: daß es mich zu glücklich machen wollte.
Wenn selbst die Gottheit . . . : ‚Lesefrucht' aus Klopstocks Messias (I, 329 ff.). Aus Erbarmen hat die Gottheit ihren Glanz vor allen geschaffenen Wesen verborgen, damit keines von ihnen – und sei es selbst der ihr zunächst stehende Seraph – schaudernd merke, wie dunkel es selbst dagegen ist. So sehen alle Wesen nur einen Abglanz der Gottheit.
zur Folie: als Hintergrund zur Hervorhebung. Folie (von lat. folium ‚Blatt') ist ein dünnes Metallblatt, das beim Einfassen der Edelsteine als Unterlage für diese dient und sonst zum Belegen der Spiegel benutzt wird.
eine Blindheit: daß ich in Ihrem Glück nichts Herrliches sehen kann.
O lieber: es wäre mir so lieber.
barbarisch: unmenschlich.
das Insekt: das Infusions- oder Aufgußtierchen, das in einem Aufguß (Infusion) von Wasser auf Heu oder anderen organischen

Stoffen erscheint. Das hier gemeinte Tierchen entspricht dem Pantoffeltierchen, das noch heute in der Anfängerübung des Mikroskopierens auf die gleiche Weise wie damals hervorgebracht wird.
Kondition: Anstellung. Sie meint: Ich wundere mich, daß Sie mich vorhin als Kammerjungfer anstellen wollten, während Sie doch um meine Liebe zu Ferdinand wußten.
Mumie: durch Einbalsamierung vor der Verwesung bewahrte Leiche, besonders im alten Ägypten. Durch den Verlust von Feuchtigkeit zeigten Mumien ein eingefallenes Aussehen; plötzlich an die Luft gebracht, können sie zu Staub zerfallen.
Ohnmacht: Machtlosigkeit der Lady gegenüber. Sie will tun, als ob sie ihr freiwillig den Geliebten abtrete und sich so ein Verdienst um sie erwerbe.
den Himmel . . . geschleift: zerstört.
Gott wird barmherzig sein: der Selbstmord galt als schwere Sünde, vgl. die Äußerung Millers unter V.1.

IV. Akt, 8. Szene

bist du darum über die Grenzen deines Geschlechts hinweggeschritten?: hast du deshalb danach gestrebt, mehr als andere deines Geschlechts zu sein? Hast du dich deshalb über die von der Gesellschaft errichteten Schranken deines Geschlechts hinweggesetzt?
diese wütende Liebe: zu Ferdinand.
Verweisung: Selbstverbannung.

IV. Akt, 9. Szene

Der Einfall . . . : daß sie dem Fürsten entsagen soll.
wirbeln: schwindlig werden.

Wer? Was?: jetzt erst bemerkt sie die Anmeldung des Gastes.
zum Sacktragen: zu willenlosem Dienst, wie ein Esel.
es wäre Vermessenheit: ergänze: Sie zu fragen, was Sie beabsichtigen.
Serenissimus: (lat.) Durchlauchtigster, bis ins 19. Jh. häufig vorkommende Bezeichnung regierender Fürsten, denen das Prädikat „Durchlaucht" gebührte.
Zerreiße deine Rechnung: zum Zeichen, daß du bezahlt bist. Die Gnade, die du mir erwiesen hast, ist durch meine Selbstpreisgabe reichlich bezahlt.
Distrait: (franz., sprich dißträ) zerstreut; sie hat ihn noch gar nicht beachtet.
Vauxhall: (engl.) Gartenfest, benannt nach dem Dorf V. bei London. Dort befand sich eine seit Mitte des 18. Jahrhunderts bis um 1830 bestehende Vergnügungsstätte der vornehmen Welt.
Garderobe: hier: Dienerschaft.
echauffiert: (franz., sprich: eschoffiert) aufgeregt.
vakant: frei, nämlich die Ihre.
müßte der Hals . . . : im Vorgefühl der sicheren Hinrichtung wegen Majestätsbeleidigung.
Goldmann: wegen seiner goldbetreßten Kleidung.
am Nachbeten dessen, was andere getan haben, erwürgen: sie sind nicht nur unfähig, selbst zu handeln, sondern sie ersticken sogar, wenn sie die Taten anderer nur nachbeten wollen.
Ciel!: (franz., sprich: ßiël) Himmel!
Disgrace: (engl.) Ungnade.
Mann des Erbarmens!: der du in deiner Jämmerlichkeit Erbarmen verdienst!
Loretto: richtiger Loreto, Stadt in der italienischen Provinz Ancona mit einer vielbesuchten Wallfahrtskirche, zu der man barfuß pilgerte, um für schwere Sünden Buße zu tun. – Die Lady hingegen will als Tagelöhnerin für ihr ausschweifendes Leben büßen.

V. Akt, 1. Szene

auf allen Toren: auf den Wachstuben an den Toren.
der Mann mit dem traurigen Stern: der Präsident, dessen Ordensstern ihr nicht mehr den Glanz des Hofes darstellen kann.
Wenn hätt ich denn wohl . . . : wann . . .
wie kalte Leichname . . . : reden für keinen anderen, sind für keinen anderen verständlich als für den Geliebten.
zuschanden gemacht: beschämt.
ein holder, niedlicher Knabe: nach Lessings Abhandlung „Wie die Alten den Tod gebildet"; ebenso bei Schiller, „Die Götter Griechenlands":

„Damals trat kein gräßliches Gerippe
Vor das Bett des Sterbenden. Ein Kuß
Nahm das letzte Leben von der Lippe,
Seine Fackel senkt' ein Genius."

Über den Graben der Zeit: über die Grenze zwischen Zeit und Ewigkeit, Leben und Tod.
Jetzt vertust du nichts mehr von deinem Eigentum: ergänze: sondern du beraubst mich.
die Kapitale . . . : das den Kindern in ihrer Jugend erwiesene Gute, dessen Zinsen Liebe und Pflege unseres Alters durch die Kinder sind.
mit dem Hab und Gut deines Vaters: mit dem Anspruch deines Vaters auf deine Liebe und die Vergeltung der dir erwiesenen Wohltaten.
In der Ewigkeit: im Jenseits will ich alles vergelten.
nicht so früh dahin eile . . . : mein Leben nicht vor der Zeit verkürze.
dein treuloses Gaukelbild: der dich täuschende Wahn, daß Selbstmord keine Schuld sei.
ihre sterbliche Puppe: gemeint ist Ferdinand, der Geliebte, der

auch im nächsten Satz gemeint ist in den Umschreibungen „dieser zerbrechliche Gott deines Gehirns“ und „Wurm“.
stehe dir, Gott Richter . . .: kann dir, richtender Gott, nicht mehr für die mir anvertraute Kinderseele Bürgschaft leisten, kann die Verantwortung nicht mehr auf mich nehmen und erfüllen.
deine Teufel: die dir feindlichen Geister, unter ihnen auch die bösen Menschen wie unter anderem der Präsident.
deine guten Engel: deine Schutzgeister, unter ihnen die menschlichen Beschützer, wie z. B. dein Vater.
sein letztes Gedächtnis: die letzte Spur meines Denkens an ihn.
Das ich den Tag meines Lebens nicht wert war: dessen ich mein Lebtag nicht wert war, das viel zu gut für mich ist.
ich setze die Geschichte deines Grams auf die Laute: ich komponiere sie für die Laute.

V. Akt, 2. Szene

erspart mir die Folterung: die Mühe, ein Geständnis zu erzwingen.
sich an die Gewichte . . . hing: wünschend, daß die Zeit schneller verginge.
Aderschlag: Pulsschlag.
Dein Gesicht schimpft deine Ware: Dein Gesicht widerspricht dem „Erfreulichen“, das du zu sagen vorgibst.
Unsre glücklichen Sterne gehen auf: natürlich ironisch gemeint.
seinen Witz noch zu kitzeln: über das Opfer seines Verbrechens sich noch lustig zu machen.
Der Odem des Weltgerichts: der Atem des Todes (des letzten göttlichen Gerichts).
die giftige Natter: Luise.
Vergiß nicht!: ergänze: deinen Schwur.

wird besser bestehn an jenem Tag . . . : am Tage des Weltgerichts, weil er meist Besseres schafft als kluge Berechnung.

V. Akt, 3. Szene

Wir akkordierten: wir vereinbarten.
Skorpionen: vgl. Erl. zu I.7; hier sind die Qualen der Eifersucht und der betrogenen Liebe gemeint.
An dünnen, unmerkbaren Seilen . . . : die ,,unmerkbaren Seile" sind zufällige, kleine Anlässe (in diesem Fall Ferdinands Flötenstunden), die ,,fürchterlichen Gewichte" sind schreckliche Folgen (hier der tragische Ausgang seiner Bekanntschaft mit Millers Haus).

V. Akt, 4. Szene

Brust: Herz, Mut.
vom Gesicht dieser Tochter herunterzuzählen: in ihrem Anblick zu finden.
Puppen: Tändelei, Spielzeug.

V. Akt, 5. Szene

Ich hab' sie von Gott: Gott hat sie gegeben, Gott kann sie auch nehmen.
Auf meine Schuldigkeit: an das, was ich noch schulde.
das ganze Gaudium wieder herausblechen müssen: den ganzen Spaß, das ganze schöne Geld, wieder hergeben müssen.
zu dem ganzen grausamen Reichtum: zu dem ganzen schrecklich großen Reichtum.

die Stempel: diese Prägungen, Münzen.
die Backen vollnehmen: den Mund vollnehmen, großtun.
auf dem Markt: er will in ein vornehmes Viertel, nämlich an den Markt, den Mittelpunkt der Stadt, ziehen.
Dreibatzenplatz: Viergroschenplatz, die Galerie im Theater.
Und soll mir französisch lernen: als Zeichen feiner Bildung.
aus dem Fundament: von Grund auf.
Menuett tanzen: das Menuett war ein französischer Hoftanz im Dreivierteltakt, getanzt in kleinen, zierlichen Schritten.
Haube . . . wie die Hofratstöchter: früher bestimmten strenge Kleiderordnungen, welcher Stand welche Kleidung tragen durfte, und markierten damit auch äußerlich die Standesunterschiede schon auf den ersten Blick.
Kidebarri: d. h. Cul de Paris, ‚Pariser Steiß', Polster oder Reifgestell, das im 18. und 19. Jahrhundert unter den Frauenkleidern zur Hebung der Rückenlinie getragen wurde.

V. Akt, 6. Szene

Sie soll dran: sie soll sterben.

V. Akt, 7. Szene

akkompagnieren: durch Gesang oder Flötenspiel begleiten.
so mach ich einen Gang . . . : so spiele ich ein Stück.
Pantalon : Musikinstrument, eine von Pantaleon Hebenstreit in Merseburg um 1690 verbesserte Form des Hackbretts mit zwei Resonanzböden und einem Bezug von Darm- und Drahtsaiten, die mit Klöppeln geschlagen wurden. Das P. kam am Hofe Ludwigs XIV. in Mode; später wurde P. eine Bezeichnung für Klavier überhaupt.

Revanche: Rückkampf, Ersatzspiel für ein verlorenes Spiel.
Dessin: Muster.
meine blöde Bescheidenheit: ich bin natürlich zu bescheiden und nicht so frech gewesen wie dein Buhle von Kalb.
Sie sind aufgeräumt: Sie sind lustig.
um die Knaben . . . zu jagen: so zu Spaß aufgelegt, daß mir die Knaben hinterher laufen würden.
von Roman zu Romane: von Liebschaft zu Liebschaft.
von Schlamm zu Schlamm: von einem nur sinnlichen Vergnügen zum anderen.
Wettlauf: in der Liederlichkeit.
moderne Gerippe: lebendige Leichen, von der Wollust zugrunde gerichtet.
an dem gemeinschaftlichen Familienzug . . . : an der Gemeinheit.
dieser Mutter: der Wollust.
Das war der einzige Fleck der Vergebung: der einzige Umstand, aufgrund dessen du auf meine Vergebung rechnen konntest: daß du nämlich nicht gewußt hättest, wie unglücklich ich durch deine Treulosigkeit wurde.
Mit der Zeit wären wir fertig: Anspielung auf die Vergiftung.
Gute Nacht, Herrendienst!: durch das Ablegen von Degen und Schärpe, den Zeichen des Offiziersranges, nimmt er Abschied vom Militärdienst.
in diesem milden Himmelsstrich: nach alter Vorstellung gedeihen die Laster besonders in sehr heißem Klima.
Schäferstunde: vertrauliches Zusammensein zweier Liebender.
Mißgeburt: Luises (vermeintlich) schlechte Seele.
Wie Bräute: so reizend, so lieblich.
die ihres unendlichen Wohlwollens hier verfehlte: ihr unendliches Wohlwollen verfehlte.

die Pest: Sünde.
auf eine menschliche Probe kommen: d. h. die jetzt vorgenommene Prüfung ist unmenschlich.
In jene Welt hinaus . . . : bis über den Tod hinaus will ich meine Rache nicht treiben, indem ich sie mit einer Lüge auf den Lippen sterben lasse.
Die zärtliche Nerve . . . : eure zarten Nerven sind stark genug, um furchtbares seelisches Verderben auszuhalten, können aber kein den Körper angreifendes Gift vertragen.
dem Tod zugetrunken: mit dem Tod Brüderschaft getrunken.
Der gerührte Würger: der mitleidige Tod.

V. Akt, 8. Szene

die Finte: der Kunstgriff.
deine hölzerne Puppe: der Hofmarschall von Kalb.
auf Sie fall' es nicht: dir will ich die Schuld an meinem Tod nicht anlasten.
die Würgeengel: die dich strafenden Engel.
Ich wasche die Hände: ergänze: in Unschuld.
Erkenntlichkeit: Dank, Entschädigung für seinen Unterricht.
an diesem Altar: an Luises Leiche.
Geschöpf und Schöpfer: Menschen und Gott.

I.3. Gang der Handlung

I. Akt, 1. Szene. Der fromme und bibelfeste Musiker Miller erfährt von dem Verhältnis, das seine bürgerliche Tochter mit dem jungen Major Ferdinand von Walter, dem Sohn des Präsidenten am Hofe des Herzogs, hat. Er erklärt seiner Frau empört, daß das Verhältnis aufhören müsse und ist äußerst ungehalten gegenüber seiner Frau, die sich über die Geschenke, die der Herr von Walter stets mitbringt, sehr freut, da sie der armen Familie einen etwas besseren Lebensstandard ermöglichen. Er will der Gewissenlosigkeit der Frau ein Ende bereiten und höchstpersönlich den Präsidenten, darum bitten, seinem Sohn eine Beziehung zu verbieten, die aus Standesrücksichten sowieso nicht zusammenwachsen kann.

I. Akt, 2.Szene. An der Ausführung seines Planes wird Miller durch das Erscheinen des Schreibers Wurm gehindert. Wurm ist Geheimsekretär des Präsidenten. Er hat ein Auge auf die schöne Luise geworfen und möchte die Geigerstochter gern heiraten. Miller verweist ihn an die Tochter selbst, ohne ihm jedoch Hoffnung zu machen. Frau Miller aber plaudert in ihrer dummdreisten Gefallsucht das Verhältnis Luisens mit dem Major aus, und schließlich gibt auch Miller selbst seinem Widerwillen gegen den häßlichen und tückischen Wurm derart deutlich Ausdruck, daß der Schreiber, bitter beleidigt, davoneilt.
Miller schilt nunmehr seine Frau wegen ihrer protzigen Dummheit, da er (mit Recht) fürchtet, daß Wurm nunmehr ihre Mitteilung zu gefährlichen Intrigen ausnutzen wird.

I. Akt, 3. Szene. Deshalb will Miller seine Tochter, die eben aus der Messe zurückkommt, veranlassen, ihrem Geliebten zu entsagen. Er erschrickt dann allerdings vor der Kraft ihrer Leidenschaft und sieht verzweifelnd kaum mehr eine Möglichkeit, sein Ziel zu erreichen. Luise ist sich der Standesschranken zwischen dem adligen Ferdinand und ihrer bürgerlichen Herkunft bewußt. Sie entsagt daher ihrem Geliebten für das Diesseits und wartet auf eine Vereinigung im Jenseits, wo es keine Standesunterschiede gibt.

I. Akt, 4. Szene. Ferdinand tritt auf. Luise teilt Ferdinand ihren Entschluß mit, den sie für unumstößlich hält, da sie nicht daran glaubt, daß Ferdinands Vater die Verbindung über die Standesschranken hinweg zulassen wird. Ferdinand beschwört seinen unbedingten Willen, alle Hindernisse überwinden zu wollen, da die Liebe über allem steht, auch den Standesgrenzen. Luise fühlt zwischen Hoffnung und Verzweiflung ihre Seelenruhe vollends dahinschwinden.

I. Akt, 5. Szene. Szenenwechsel: Im Schloß unterrichtet unterdessen Wurm den Präsidenten, daß die Beziehung Ferdinands mit der Geigerstochter sehr ernst zu nehmen sei. Der Präsident zweifelt noch. Er ist auch von einem anderen Plan völlig in Anspruch genommen: Da der Herzog nunmehr eine Standesehe eingehen wolle, das Verhältnis zu seiner Mätresse Lady Milford aber fortsetzen möchte, wird ein Ehemann für die Lady gesucht, um den Schein einer sittlichen Ordnung aufrecht zu erhalten. Für den ‚Posten' des Ehemanns, denn da eine Verbindung mit der Lady viel Macht verspricht, ist es ein ‚Posten', hat der Präsident seinen eigenen Sohn, Ferdinand, ausersehen.
Der Präsident verspricht, Wurm in Bezug auf Ferdinand zu glauben, falls sich sein Sohn weigere. Wurm empfiehlt, die Probe dadurch zu untermauern, daß zum Schein Ferdinand die Ehe mit einer untadeligen Adligen angeboten werde. Lehne der Major ab, so sei dies ein Beweis für die Richtigkeit der Angaben Wurms.

I. Akt, 6. Szene. Wie gerufen, erscheint der Hofmarschall und Zeremonienmeister von Kalb. Diese lächerliche Hofschranze erhält die Weisung, der Lady Milford die Aufwartung Ferdinands anzukündigen und die Nachricht von der bevorstehenden Heirat in der ganzen Residenz zu verbreiten.

I. Akt, 7. Szene. Nunmehr läßt der Präsident von Walter seinen Sohn zu sich kommen und versucht erst durch Milde, dann mit Strenge, Ferdinand für seinen Plan zu gewinnen. Er gesteht ihm, daß er ein Verbrechen begangen hat, um in die Position des Präsidenten zu gelangen. Der Präsident erklärt, daß er alles nur seinem Sohn zuliebe begangen hat, nämlich um diesem den Aufstieg bei Hofe zu erleichtern.
Als Ferdinand sich immer noch den Befehlen seines Vaters verweigert, wird unter Anwendung der von Wurm empfohlenen Probe klar, daß Ferdinand eine Bürgerliche liebt. Durch die Drohung, weiter nachspüren zu wollen, bringt der Präsident seinen Sohn dazu, der Mätresse zunächst seine Aufwartung zu machen. Ferdinand spielt auf Zeit und hofft, daß er durch Zurschaustellung kalter Verachtung die Lady Milford von einer Verbindung mit ihm wird abbringen können.

II. Akt, 1. Szene. Nachdem nunmehr jeder glaubt, in der Mätresse des Herzogs ein besonders verkommenes Exemplar dieser Gattung vorgeführt zu bekommen, wird die Erwartung des Lesers/Zuschauers in den folgenden Szenen kontrastiert: Lady Milford erwartet Ferdinand keineswegs intrigengewandt und überlegen, sondern voll innerer Unruhe. Es stellt sich heraus, daß sie Ferdinand liebt und deshalb selbst dem Hofklüngel den Plan von der Hochzeit mit dem Major eingegeben hat. Im übrigen verachtet sie den Herzog und sein Günstlingsregime und hofft, mit Ferdinand als Ehemann das Land verlassen zu können.

II. Akt, 2. Szene. Der Herzog schickt der Milford schon jetzt einen kostbaren Brillantschmuck als „Hochzeitsgeschenk“. Im Gespräch mit dem Diener des Herzogs erfährt die Lady von der großen Not des Volkes und vom Verkauf der Landeskinder als Soldaten an die Engländer. Da sie bisher schon, wo sie konnte, mildernden Einfluß auf die Auswüchse der Mißwirtschaft genommen hat, rührt sie die Erzählung von den barbarischen Vorgängen beim Abmarsch der verkauften Untertanen bis ins Mark. Sie ist empört und befiehlt, den Schmuck sofort zu verkaufen und den Erlös an die Einwohner einer Stadt an der Grenze zu verteilen, um die Folgen einer Feuersbrunst zu lindern.

II. Akt, 3. Szene. Ferdinand tritt auf. Er erklärt der Milford, daß er nur gezwungen zu ihr komme und die Verbindung mit ihr verabscheue. Weder als Mann von Ehre noch als Edelmann noch als Offizier könne er dem Plane seines Vaters zustimmen. Im übrigen könne er nicht verstehen, wieso sie, die Tochter des vorbildhaft freiheitlichen Volkes der Engländer, Mätresse eines Fürsten werden und durch den Aufwand, der für Hof- und Liebesvergnügen getrieben werde, soviel Unheil über das Land bringen konnte. Lady Milford allerdings bringt durch den Bericht ihrer Lebensgeschichte dem jungen Major sehr bald einen ganz anderen Begriff von ihrem unglücklichen Schicksal bei und belegt ihren edlen Charakter.
Dennoch bleibt Ferdinand bei der Erklärung, daß Pflicht und Liebe ihn an Luise fesseln. Die Lady sieht nunmehr gleichfalls ihre Ehre auf dem Spiel und kündigt an, kein Mittel unversucht zu lassen, um Ferdinand für sich zu erobern.

II. Akt, 4. Szene. Szenenwechsel: Wieder im Hause Miller. Als der Geiger heimkommt, bemerkt er, daß der Präsident nach ihm geschickt hat, die herzoglichen Diener stehen schon unten an der Tür. Miller schimpft auf seine Frau, in der er nur eine Kupplerin sieht. Er will die Dinge nunmehr bereinigen und zum Präsidenten gehen. Eine Flucht außer Landes mit seiner Tochter, aber ohne seine Frau, kommt ihm auch in den Sinn.

II. Akt, 5. Szene. Da stürzt der Major herein, der einen Gewaltstreich seines Vaters gegen Luise befürchtet. Er erzählt seiner Geliebten von den Plänen seines Vaters. Luise ist nunmehr völlig verunsichert, und Miller läßt durchblicken, daß wohl auch Ferdinand lediglich, wie die Herren von Stand üblicherweise mit Bürgerstöchtern verfahren, handeln wird, nämlich sie nach dem Vergnügen sitzen lassen. Ferdinand versichert dagegen in feurigen und pathetischen Worten, daß er die Liebe zu Luise gegen alle Kabalen und Gewalten bis zum Tode verteidigen will.

II. AKt, 6. Szene. Da erscheint der Präsident selbst mit einem Gefolge von Gerichtsdienern. Er behandelt Luise wie eine gewöhnliche Dirne. Weder Ferdinand noch der alte Miller, der deutlich seine Meinung sagt und sich beim Herzog beschweren will, vermögen sich gegen den Präsidenten zu wehren.

II. Akt, 7. Szene. Schließlich entreißt der Präsident Ferdinand die Geliebte mit Gewalt, um sie an den Pranger stellen zu lassen. Im letzten Moment zwingt Ferdinand seinen Vater, von seinem Vorhaben abzulassen, indem er damit droht, Verbrechen des Präsidenten preiszugeben.

III. Akt, 1. Szene. Nach dem vorläufigen Scheitern der Kabale berät am folgenden Tag der Präsident mit seinem Sekretär Wurm die Lage. Wurm entwickelt einen neuen Plan: Millers Äußerungen sollen zum Anlaß genommen werden, das Ehepaar wegen Beleidigung des Herzogs in der Person des Präsidenten zu verhaften. Die verängstigte Tochter aber soll unter dem Vorwand, damit ihre Eltern freizubekommen, gezwungen werden, einen ihr vordiktierten Liebesbrief an den Hofmarschall von Kalb zu schreiben, um nicht mehr als unschuldige, reine Liebende, sondern nunmehr als Verräterin der Liebe und loses Mädchen dazustehen. Ihr

Schweigen über das Zustandekommen des Briefes soll mit einem Eid bekräftigt werden, dessen Wirkung man – im Gegensatz zur Hofgesellschaft – unter frommen Bürgersleuten hoch veranschlagt. Der Brief soll Ferdinand in die Hände gespielt werden. Mit allem hofft man, die zersetzende Kraft der blinden Eifersucht bei Ferdinand hervorzurufen.

III. Akt, 2. Szene. Während sich Wurm entfernt, um den Brief aufzusetzen, bringt der Präsident den Hofmarschall durch Schmeichelei und Einschüchterung zu einer Zustimmung zu seinem Plan.

III. Akt, 3. Szene. Der Präsident und Wurm besprechen den fertigen Brief, und Wurm wird auf seine Mission geschickt.

III. Akt, 4. Szene. Szenenwechsel: Ferdinand hat Luise aufgesucht. Er versichert ihr ewige Liebe und fordert sie auf, mit ihm zu fliehen. Sie aber bittet ihn um seiner selbst willen, ihr zu entsagen. Von Flucht will sie nichts wissen, da sie ja ihre Eltern nicht der Rache des Präsidenten aussetzen will.
Diese Äußerungen können nicht mit den wahrheitsgemäßen Angaben erläutert werden. Ferdinand übersieht die Hinweise Luises, daß sie zum Schweigen verpflichtet ist, und vermutet mit einem Mal, daß die Liebesbeziehung zu einem anderen Mann hinter dem Verhalten Luises steckt. Das tragische Mißverständnis ist da. Ferdinand verläßt Luise in Zorn und Verzweiflung.

III. Akt, 5. Szene. Luise bleibt allein zurück. Sie wartet vergeblich auf die Rückkehr der Eltern, die schon fünf Stunden fort sind. Sie versinkt in Sorge.

III. Akt, 6. Szene. Statt der erwarteten Eltern erscheint der Schreiber Wurm. Er behauptet, von den Eltern geschickt zu sein,

damit die Tochter für die Befreiung der Eltern einen kleinen Dienst leiste. Luise will sofort zum Herzog gehen. Wurm allerdings macht ihr klar, daß der Preis für eine Audienz beim Herzog unweigerlich ihre Unschuld sei und daß den Eltern nur zu helfen sei, wenn Ferdinand freiwillig auf sie verzichte.
Luise, völlig verschüchtert, ist nunmehr bereit, nach Diktat einen Brief an einen ihr völlig unbekannten Adressaten zu richten. Wurm wiederholt in dieser Situation im übrigen seinen Heiratsantrag und erklärt großmütig, über ihre vorangegangene Liebe mit einem Edelmann hinwegsehen zu wollen. Luise weist ihn in scharfer Form zurück, muß aber dennoch das Versprechen, über die gerade geschehenen Ereignisse zu schweigen, mit einem Eid in Form eines Abendmahls, eines Sakraments also, bekräftigen.

IV. Akt, 1. Szene. Der Hofmarschall hat den Brief Luises bei der Parade aus der Tasche fallen lassen, so daß Ferdinand ihn finden mußte. Ferdinand hat den Brief gelesen und, außer sich vor Wut, den Hofmarschall zu sich bestellt. Seine Erregung ist nicht mehr zu verbergen.

IV. Akt, 2. Szene. Ehe der Hofmarschall erscheint, ergeht sich Ferdinand in der schmerzlichen Betrachtung der Niederträchtigkeit der – ihm ja vorgespielten – Untreue Luises. Er fühlt sich hintergangen und vermeint, nun auch im Hause Miller die niederträchtigen und losen Verhaltensweisen des vergnügungssüchtigen Hofes zu erleben. Er würde Luises Treulosigkeit ja gern für unwahr halten, hätte er nicht den Brief an den Hofmarschall in der Hand.
Das gesamte Verhalten Luises erscheint ihm nunmehr rückschauend in einem anderen Licht, und zwar als langfristig geplantes und durchgehaltenes Täuschungsmanöver wie etwa die heldenmütig vorgetragene Entsagung oder die Ohnmacht, als

Miller die drohende Gefahr durch den Präsidenten meldete. Geradezu fürchterlich ist ihm der Gedanke, daß Luise ihn nur deshalb noch gehalten hätte, um ihren Stolz und ihre Befriedigung über diese hochgestellte Männerbekanntschaft zu bestätigen.

IV. Akt, 3. Szene. Als der Hofmarschall von Kalb erscheint und seinem Auftrag gemäß sich seines Verhältnisses mit Luise rühmt, will der Major in seiner Wut sich zunächst mit von Kalb schießen, stößt aber zuletzt den nicht gerade tapferen Hofmarschall mit Verachtung zur Tür hinaus. In seiner Erregung hat er allerdings gar nicht bemerkt, daß der Hofmarschall in seiner Angst im Zuge war, den ganzen Vorgang als Täuschungsmanöver zu entlarven. Die Wut macht Ferdinand taub und somit bleibt das tragische Mißverständnis zwischen ihm und Luise erhalten.

IV. Akt, 4. Szene. Von Luises Untreue voll überzeugt, verzweifelt Ferdinand an der Welt und beschließt, Luise und sich zu töten.

IV. Akt, 5. Szene. Ferdinands Verzweiflung wird noch gesteigert, als der Präsident, um die Kabale vollends wirken zu lassen, dem Sohne die Einwilligung zur Eheschließung mit Luise verkündet. Ferdinand durchschaut die Intrige seines Vater nicht, mißversteht dessen Worte aber auf andere Weise: Er glaubt, daß es Luise nunmehr gelungen sei, auch den Vater zu täuschen, was ihre Niedertracht in seinen Augen beträchtlich erhöht.

IV. Akt, 6. Szene. Sophie hat im Auftrag der Lady Milford Luise zu ihrer Herrin bestellt und zur Antwort erhalten, daß die Einladung dem eigenen Wunsch Luises entspreche. Nun erwartet die Lady – aufs Prächtigste geschmückt – unruhig das Bürgermädchen, um es zu demütigen und zu bewegen, Ferdinand aufzugeben.

IV. Akt, 7. Szene. Luise wird von der Milford geringschätzig empfangen. Die Lady warnt Luise, sich nur auf ihre Reize zu verlassen, die ebenso vergingen wie die Schmeicheleien eines Liebhabers, dem ja nicht zu trauen sei. Die Lady bietet daher Luise die Stelle Sophies an, damit sie wenigstens die Manieren der ‚großen Welt' lernen könne.
Luise lehnt ab und erklärt, daß sie jeden Anspruch auf Erdenglück aufgegeben habe und überdies schon gar nicht in der moralisch bedenklichen Atmosphäre des Hofes glücklich werden könne. Sie provoziert ihrerseits die Lady mit der Frage, ob sie denn in dieser Welt glücklich sei. Die Milford gibt sich der Seelenhoheit Luisens geschlagen und sucht die Freundschaft des Bürgermädchens. Luise hält dieses Angebot für reinen Spott und verzichtet auch vor der Lady auf Ferdinand. Sie betont allerdings, daß die Milford zwischen sich und Ferdinand immer das Gespenst einer Selbstmörderin erleben werde.

IV. Akt, 8. Szene. Die Lady ist tief erschüttert. Luises reine Liebe hat sie beschämt. Nach hartem inneren Kampf beschließt sie, ihr Verhältnis mit dem Herzog zu lösen. Auch sie vermag zu entsagen und plant, außer Landes zu gehen, um ein tugendhaftes Leben zu beginnen.

IV. Akt, 9. Szene. Die Lady ruft ihre Dienerschaft zusammen und läßt vor ihrem Gefolge ihren Abschiedsbrief an den Herzog verlesen. Der Brief betont, daß gleich einem Vertrag die Bedingung für ihre Liebe das Glück des Landes und der Untertanen gewesen sei. Der Herzog habe den Vertrag nicht gehalten, weshalb sie nunmehr aller Verpflichtungen ledig sei. In rührender Weise nimmt sie Abschied von der Dienerschaft, die in ihr eine gute Herrin verliert. Bevor die Milford das Land verläßt, ordnet sie die Verteilung des Inhalts ihrer Schatulle unter der Dienerschaft an.

V. Akt, 1. Szene. Luise beschließt, ihren Selbstmordlplan auszuführen. In einem Brief teilt sie Ferdinand mit, daß ihre Liebesbeziehungen durch schurkische Machenschaften zerrissen worden seien, daß sie aber durch einen Schwur auf absolutes Schweigen verpflichtet worden sei. Ferdinand solle jedoch zur Mitternachtsstunde kommen, um gemeinsam mit ihr in den Tod zu gehen. Die Tröstungen, die christlichen und väterlichen Ermahnungen des alten Miller sowie der Anblick seines Kummers veranlassen sie jedoch dazu, von ihrem Plan abzusehen.

V. Akt, 2. Szene. Ferdinand tritt auf. Er will sich vergewissern, ob Luise den Brief an den Hofmarschall wirklich geschrieben hat. Ihrem Eide gemäß bejaht sie die Frage. Von Eifersucht geblendet, achtet Ferdinand nicht auf Luises Andeutungen, die auf ein schreckliches, verbrecherisches Geheimnis schließen lassen. Vielmehr sieht er nur das ihm zugefügte ‚Unrecht' und empfindet ausschließlich verletzten Stolz und Liebesschmerz. Somit verlängert sich das tragische Mißverständnis im Verhältnis der beiden. Ferdinand ist nun fest entschlossen, seinen Plan auszuführen und bittet um ein Glas Limonade.

V. Akt, 3. Szene. Im Gespräch mit dem alten Miller läßt Ferdinand noch einmal Erlebnisse aus der Vergangenheit vorüberziehen. Wehmütig erinnert sich Ferdinand daran, daß er ursprünglich das Flötenspiel habe erlernen wollen und dabei nun sein Unglück gefunden habe. Er schickt den alten Miller hinaus, um nach der Limonade zu sehen.

V. Akt, 4. Szene. Ferdinand bleibt allein. Im Selbstgespräch erklärt er, daß er Luise und sich vergiften will. Er bedauert nur den armen Vater, den er mit seinem Plan um sein ganzes Glück bringen wird.

V. Akt, 5. Szene. Als der alte Miller zurückkommt, sucht Ferdinand ihn durch Goldstücke für die früheren Flötenstunden zu entschädigen. Miller wird durch den unverhofften Reichtum mit einem Mal in geradezu närrische Freude versetzt. Die christliche Bescheidenheit geht verloren, Miller weiß sich kaum zu mäßigen und zeigt durch allerlei stutzerhafte Pläne an, daß er mit dem Reichtum die engen Grenzen seiner Schicht und seines Standes zu verlassen gedenkt.

V. Akt, 6. Szene. Luise kommt mit der Limonade. Ferdinand schickt Miller zum Präsidenten mit der Bitte, ein Schreiben zu überbringen. Miller ist gern bereit, diesen Dienst zu erfüllen, obwohl ihn Luise ängstlich, aber eindringlich zurückzuhalten versucht. Als sie ihren Vater schließlich zur Tür begleitet, wirft Ferdinand das Gift in die Limonade.

V. Akt, 7. Szene. Sobald Ferdinand mit Luise allein ist, macht er ihr die bittersten Vorwürfe wegen ihrer vermeintlichen Untreue, trinkt dann von der Limonade und fordert Luise auf, ebenfalls zu trinken. Schließlich fordert Ferdinand Luise auf, nunmehr angesichts des Todes noch einmal die Wahrheit zu sagen. Die Entdeckung, daß sie tödliches Gift getrunken habe, löst ihre Zunge, und die Wahrheit kommt an den Tag.
Ferdinand will nunmehr in rasender Wut vor seinem eigenen Tod noch den Präsidenten durchbohren, doch der Tod Luises, die sterbend Ferdinand und allen anderen Schuldigen vergibt, hält ihn zurück. Von seinem seelischen Schmerz überwältigt, greift er nochmals zur vergifteten Limonade, um seinen Tod zu beschleunigen.

V. Akt, 8. Szene. Auf Ferdinands Brief hin ist der Präsident mit Wurm, Miller und einem Gefolge von Dienern und Bütteln herbeigeeilt und sieht nunmehr, welchen Ausgang seine Kabale genommen hat. Er schiebt zunächst alle Schuld auf seinen Sekretär Wurm. Wurm aber kündigt ihm in grimmiger Wut die Offenbarung der früheren Verbrechen an. Miller eilt mit einem Fluche verzweifelt aus dem Haus. Der völlig gebrochene Präsident erlangt von seinem sterbenden Sohn Vergebung und übergibt sich daraufhin selbst der Gerichtsbarkeit.

I.4. Aufbau des Dramas

1. AKT – EXPOSITION DER DRAMATISCHEN AUSGANGSSITUATION

A) Exposition zur äußeren Handlung

Der 1. Akt führt die dramatische Ausgangssituation vor:

1) die **Liebesbeziehung zwischen Ferdinand von Walter und Luise Miller** (I,1–I,4);
2) das **Anlaufen der Kabale,** durch die der Präsident von Walter in das Liebesverhältnis eingreift (I,5–I,7);
3) als **zusätzlicher, dramatischer Impuls** fungiert die **Gestalt Wurms,** der als – eigentlich standesgemäßer – Mitbewerber um Luise sowie als Sekretär des Präsidenten auf beiden Feldern der dramatischen Ausgangssituation zu finden ist. Die herabsetzende Abweisung im Hause Miller (I,2) bewirkt eine glaubhafte Handlungsmotivation für die Gestaltung und Ausführung der Kabale im weiteren Verlauf des Stückes.

B) Exposition des inneren dramatischen Konfliktstoffes, der sich dann im gesamten Drama immer wieder in den Auseinandersetzungen der Kontrahenten auswirkt. Ein innerer dramatischer Konfliktstoff besteht sowohl für die Liebesbeziehung der beiden jungen Leute als auch für das Kabalen-Management dadurch, daß persönliche Wunschvorstellungen und individuelle Rechte zur Verwirklichung des eigenen Glücks mit gesellschaftlichen Strukturen und Konventionen zusammenfallen. Folgende Konfliktbereiche lassen sich ausmachen:

1) Die **enge, echte Herzensbeziehung** zwischen Ferdinand und Luise **widerspricht** den strengen **Trennungen zwischen den gesellschaftlichen Ständen.**

2) Die Liebesbeziehung führt zu **Konflikten im Gefüge der Familienstruktur,** sowohl in der bürgerlichen Familie der Millers als auch im Verhältnis des Präsidenten zu seinem Sohn Ferdinand.

3) Ein innerer Konfliktstoff liegt auch in der **unterschiedlichen moralischen Haltung** und Lebensführung, mit denen die **Bürgerfamilie** und die **Hofkamarilla** aufeinanderprallen:
   a) die Bürgerfamilie verficht die Einhaltung einer strengen christlichen Ethik;
   b) die Hofgesellschaft handelt nach reinen Macht- und Lustbarkeitsgesichtspunkten und spielt im Interesse dieser Maximen ethische Haltungen und persönliche Herzensgefühle anderer gegeneinander aus und macht sie instrumentell nutzbar.
   – Schiller läßt allerdings die Bürgerfamilie nicht in moralisierender Idealität erstarren, sondern fügt durch die pragmatisch-opportunistische Figur der Frau Miller einen lebensnahen Kontrast hinzu.

2. AKT

A) Äußere dramatische Handlung

1) Zunächst erfährt der Ablauf der dramatischen Handlung eine Verzögerung durch die ausführliche Vorstellung der Figur der **Lady Milford** in Auseinandersetzungen mit der Dienerschaft und mit Ferdinand (II,1–II,3).
2) Sodann entwickelt sich die dramatische Handlung mit einem **ersten, noch plumpen Anlauf der Kabale,** mit der der Präsident Ferdinand und Luise trennen will. Der Anlauf scheitert (II,4–II,7).

B) Innerer dramatischer Konfliktstoff

1) Die retardierenden Partien im Handlungsablauf, die Vorstellung der Mätresse des Herzogs, dienen der weiteren Erläuterung des inneren dramatischen Konfliktstoffs, indem sie **beklagenswerte Zustände am Hof und im Regiment des Herzogs** über seine Untertanen enthüllen. In der Person der – ‚edlen' – Mätresse wird verdeutlicht, daß die herrschenden gesellschaftlichen Verhältnisse die moralisch integre Persönlichkeit nicht zulassen.

   – In der dramatischen Zuordnung ist Lady Milford der Gegenpol zur Frau Millers. So wie diese die strenge Einsinnigkeit der Maximen der bürgerlichen Familie relativiert, zeigt die Lady, daß im Zentrum der Hofgesellschaft nicht alle Menschen böse sind.

Die Bedeutung der beiden Frauengestalten für den Ablauf der Kabale ist dieselbe: weder die Millerin noch Lady Milford treiben die dramatische Handlung selbsttätig voran.

2) Die Szenen des aktiven Handlungsverlaufs zeigen die **sittliche Opposition zwischen der bürgerlichen Familie und dem Hof.** Miller demonstriert durch Worte und Haltung die moralische Überlegenheit der bürgerlichen Familie, während der Präsident die sittliche Verwerflichkeit des Hofes repräsentiert, indem er sich einmal auf brutale Gewalt stützt und zum anderen Luise dadurch demütigt, daß er sie – wie bei Hofe eben üblich – allein als vorübergehendes sexuelles Lustobjekt eines adligen Galans anspricht.

3. AKT

Im 3. Akt wird auf der Ebene der **äußeren dramatischen Handlung** diejenige **tragische Konstellation hergestellt,** die gewissermaßen in einem Automatismus schließlich zum Untergang der Liebenden führt:

1) Auf wesentlich raffiniertere und noch schändlichere Weise als bisher wird **ein neuer Anlauf der Kabale konzipiert** (III,1–III,3) und nunmehr auch mit dem vorgetäuschten Liebesbrief Luises und ihrer Verpflichtung auf absolutes Schweigen durch Wurm erfolgversprechend abgesichert (III,6).
2) Erste Wirkungen zeigt die Kabale, als es wegen Luises Schweigepflicht zum **Zerwürfnis zwischen den beiden Liebenden** selbst kommt (III,4). Hier entsteht das **tragische Mißverständnis** auf Ferdinands Seite, das einen anderen Liebhaber vermutet und nunmehr blinde Eifersucht als Triebkraft des Handelns erweckt.

4. AKT

A) Äußere dramatische Handlung

1) Die Intrige beginnt die gewünschte Wirkung zu zeigen, die **Tragödie nimmt ihren Lauf.**
   Ferdinand wird durch den fingierten Liebesbrief Luises in seinem tragischen Mißverständnis bestärkt, in dramatische innere Konflikte gestürzt, und so **faßt** er schließlich den Entschluß, selbst einen tödlich-tragischen Ausgang seiner Liebesbeziehung herbeizuführen. Die **tragische Entscheidung** wird mit einem Nachfassen der Intrige, die nunmehr schon mit Ferdinands Mißverständnis rechnet, besiegelt. Der Präsident selbst tritt als Akteur in seinem Intrigenspiel auf (IV,5).
2) Die Szenen IV,6–IV,9 bringen mit einer Wiederaufnahme der **Lady-Milford-Handlung** wieder eine **Retardierung im zügigen Ablauf der Tragödie.** Neben ihrer relativen Eigenständigkeit bilden die Szenen im tragischen Zusammenhang des 4. Aktes noch eine **Parallelhandlung** zu den Ferdinand-Szenen, indem auch hier eine tragische Entscheidung fällt, nämlich die **Selbstmordankündigung Luises.**

B) Innerer dramatischer Konfliktstoff

Die **Szenen IV,6–IV,9 wiederholen** noch einmal **den inneren dramatischen Konfliktstoff** des Dramas, der unter Akt 1, B,2) charakterisiert worden ist, nämlich die Gegenüberstellung der christlich-tugendhaften Bürgerwelt zur haltlosen und unmoralisch höfischen (Schein-)Welt. Die Überzeugungskraft der Tugendwelt des Bürgertums trägt in diesem Falle sogar den Sieg davon.
Szene IV,9 gibt durch einen Hinweis auf ein vertragsähnliches

Verhältnis zwischen dem Herzog und seiner Mätresse einen Ausblick auf eine fortschrittlichere Regierungsform, nämlich die derjenigen Art des Staatsvertrages, der bei Nichterfüllung durch den Herrscher auflösbar ist.

5. AKT

A) Äußere dramatische Handlung

1) Der Ablauf der Tragödie erfährt zunächst eine weitere **Retardierung,** sogar einen vorläufigen Umschwung, **als Luise** ihren **Selbstmordplan** auf Bitten des alten Miller **aufgibt** (V,1).
2) **Dann freilich läuft** mit dem Auftreten Ferdinands **die Tragödie folgerichtig ab.** Der **Major** verschafft sich noch einmal Gewißheit über den Brief Luises an den Hofmarschall, was aufgrund der eidlichen Schweigeverpflichtung Luises auch geschieht (V,2). Anschließend regelt Ferdinand seine Geschäfte mit dem alten Miller (V,3–5) schickt den Alten fort und **schreitet zur Tat,** indem er die Limonade vergiftet, die Luise auf seinen Wunsch geholt hat (V, 6).
3) Der **tragische Höhepunkt** des Dramas wird erreicht, als im **Angesicht des nahen Todes die Erkenntnis der Wahrheit** erlangt wird, aber weder die Folgen des tragischen Mißverständnisses rückgängig gemacht werden können noch die zum Leben verbleibende Frist ausreicht, Rache an den verbrecherischen Gegenspielern zu nehmen. Luise erliegt bereits dem Gift (V, 7).
4) Der tragische Höhepunkt des Dramas führt schließlich noch zu einem **Wendepunkt,** indem der **Kampf des inneren Konfliktstoffes des Dramas entschieden** wird, **es siegt** schließlich die **christlich-bürgerliche Tugend** über moralvergessendes

höfisches Intrigantenverhalten: Erschüttert vom Ausgang der von ihm angezettelten Kabale, stellt sich, nachdem auch sein Sohn Ferdinand gestorben ist, der Präsident selbst dem Gericht. Wurm stellt sich ebenfalls in zerstörerischer wie in selbstzerstörerischer Lust, indem er die Aufdeckung der gemeinsam mit dem Präsidenten durchgeführten Intrigen und Verbrechen aufzudecken ankündigt. Sowohl Luise als auch Ferdinand hatten sterbend ihren Gegnern vergeben (V, 8).

I.5. Charakteristik der Hauptpersonen

Ferdinand

Ferdinand ist ein Held der großen Worte, nicht der großen Taten. Er ist von seiner Biographie und von seiner Einstellung her auch nicht auf große Taten hin programmiert. Obwohl Ferdinand nämlich einen verhältnismaßig hohen militärischen Rang, und zwar den eines Majors, bekleidet, ist er kein durch das Leben geprägter junger Mann. Im Gegenteil, er ist ein reiner „Theoretiker". Von der Universität her hat er hohe Ideen von Menschenrechten, von Seelengröße und vom persönlichen, im Gegensatz zum Geburts-, Adel mitgebracht. Er wettert gegen gesellschaftliche Vorurteile, gegen den Standesdünkel und gegen die Standesschranken.
Mit diesen Idealen und seinen unwandelbaren Vorsätzen ist er in der höfischen Gesellschaft, die mit wechselndem, taktischen Verhalten nach der Gunst des Fürsten und zur Macht drängt, von vornherein ein oppositioneller Fremdkörper. Der oppositionelle Charakter seiner Position wird unumkehrbar, als er sich in die Bürgerstochter Luise Miller verliebt und die Liebe über die Standesgrenzen hinweg in eine Ehe einmünden lassen will. Dabei liegt ihm nichts an der Hofkarriere, die sein Vater ihm vorbestimmt hat. Er bewertet das Zusammenleben mit Luise höher als das Hofleben, obwohl er weiß, daß er mit diesem Vorhaben gesellschaftlich kaltgestellt wird. Liebe bedeutet für ihn eine Herzensangelegenheit und keinen Preis für ein politisches Geschäft.
Da seine Kritik am Verhalten der Mächtigen nicht in den Willen, selbst Macht auszuüben, um eine gerechtere Herrschaft zu errichten, mündet, schwebt dem Idealisten Ferdinand im Grunde ein Rückzug in ein Glück im Winkel vor.
Seinem Vater, dem Präsidenten, erscheint Ferdinand als mißratener Sohn, der ein Lebenswerk in Frage stellt, dem Hofleben gegenüber

verkörpert er das mahnende Gewissen und den Ausbruch einer neuen Zeit.
So einsichtsfähig Ferdinands Auffassungen zu Liebe und Gesellschaft sind, so wenig gelingt es ihm doch in der Standesgesellschaft, die ihm umgibt, seine Werthaltungen mitzuteilen. Er hält mit seiner Meinung nicht zurück, aber er ist dabei nicht diplomatisch genug, um für sich zu werben, eher unterstellt er die unmittelbare Wirkung der von ihm vertretenen Ideale. Ja, er vertritt seine neuzeitlichen Ideale mit einer emotionalen Geladenheit, die ihn selbst in Vorurteile drängt - so über Lady Milford -, eine realistische Einschätzung der Intrigenlage verhindert und zu fatalem Nachteil führende Aufmerksamkeitslücken bewirkt. So bemerkt Ferdinand nicht, daß der Hofmarschall sich verplappert und im Grunde die Hintergründe der Intrige preisgibt, und er überhört hartnäckig die Andeutungen Luises über ihre Zwangslage.
Das penetrante Pochen auf moralischen Grundsätzen und eine herablassende Selbstgerechtigkeit bringen auch Lady Milford gegen ihn auf, obwohl gerade sie - gemessen an ihren Gesellschaftsidealen - Ferdinand näher steht als dem Hof.
Ferdinands emotionaler Idealismus ist gekoppelt mit persönlicher Empfindlichkeit, ja Eitelkeit und Reizbarkeit, die es anderen - nicht zuletzt auch seiner Geliebten, Luise - schwer machen, sich ihm anzuschließen und ihn stets menschlich zu akzeptieren. Er findet keine Verbündeten, und so bewirken seine Handlungen schließlich keinen konstruktiven Erfolg. Sie verstärken lediglich die intrigante Energie der Gegenseite.
Derart isoliert verfällt Ferdinand beinahe folgerichtig auf einen Plan, der von der Ausführung her auf einen Einzelgänger zugeschnitten ist und verdeckt ausgeführt wird und der vom Ziel her in eine unumkehrbare Extremsituation führt. Einmal den Entschluß gefaßt, ist Ferdinand nicht mehr bereit, Informationen aufzunehmen, die ihn von seinem Vorhaben abbringen könnten. Daß er auch Luises Hinweise überhört, kann man nur mit einer List an Selbstaufopferung und Untergang erklären.

Ferdinand kann sich selbst schließlich nicht helfen. Aber durch die Erschütterung, die seine Bereitschaft, letzte Handlungsalternativen wie Mord und Selbstmord auszuführen und auf sich zu nehmen, hervorrufen, bewirkt er Reue und Läuterung bei seinem Vater. Insofern läßt sein Idealismus doch noch das Bild einer besseren Gesellschaft aufscheinen. Und indem er sterbend seinem Vater verzeiht, beweist er eine christliche Grundhaltung als letzten Grund seiner Vorstellungen.

Luise

Das sechzehnjährige, bürgerliche Mädchen ist eine Heldin der Duldung und Liebe. Luise ist eine schöne, schlanke Erscheinung mit blondem Haar und sanften „Vergißmeinnichtaugen". Sie ist zurückhaltend und fühlt sich fest eingebunden in die bestehende Gesellschaftsordung. Die Erziehung in dem (klein-)bürgerlichen Elternhaus hat sie zur Liebe und Ehrfurcht gegenüber den Eltern erzogen, und sie akzeptiert traditionsgemäß, daß die Frau gesellschaftlich eine nachgeordnete Rolle spielt. Liebe ist ihr eine Herzensangelegenheit. Sie verabscheut das moralisch ungezügelte Leben bei Hofe. Gehorsam, Ehrlichkeit und Wahrhaftigkeit sind für sie oberste Handlungsmaximen. Die einzige Freiheit - gleichzeitig ein gesellschaftlich moderner Zug -, die ihr gestattet ist, ist die freie Wahl eines Ehepartners - allerdings innerhalb der Standesgrenzen. Ihre Abwechslung besteht darin, daß sie musizieren gelernt hat, regelmäßig die Sonntagsgottesdienste besucht und viele Romane und Gedichte liest, daß ihre Gedanken und ihre Äußerungen die Formulierungen der Dichter - bisweilen wie bei einer 'Blütenlese' - widerspiegeln.
Mit dem Auftauchen Ferdinands bricht die Hofwelt in das behütete Leben der Bürgertochter ein. Der übliche Kontakt mit einem Hofmann würde darauf hinauslaufen, daß Luise Geliebte und Mätresse werden würde - ganz in der Art, wie der Präsident Walter ihr den Umgang mit Ferdinand unterstellt. Bei dieser Konstellation kann Luise persönlich und menschlich nur verlieren.
Gleichfalls nur verlieren kann sie durch Ferdinands Angebot, ihre

Beziehung ausschließlich auf die Liebe zu bauen, denn eine so begründete Zweierbeziehung ist bei Hofe unüblich und wird - zumal wenn sie über die Standesgrenzen hinwegreicht - nicht akzeptiert. Zwangsläufig gerät Luise so in den Zielbereich einer höfischen Intrige.
Als Opfer der Intrige wird sie gezwungen, einen Teil ihrer Werthaltungen aufzugeben, um einen anderen Teil zu retten: Sie muß auf Geheiß des Sekretärs Wurm eine Liebschaft mit dem Hofmarschall von Kalb vortäuschen, um die Eltern aus der Gewalt des Präsidenten zu retten.
Luise gestattet sich aber nur diesen einen Verstoß gegen ihre Werthaltungen und beschirmt die Lüge gegen alle 'Versuchungen'. Es paßt in die Berechnung der Intrige, daß sich Luise an das Versprechen der Verschwiegenheit hält, und es bestätigt das Bild von einem ohnmächtigen Bürgertum, wenn Luise an ein Notwehrrecht, das die Übertretung eines erzwungenen Gebots erlaubt, zu keiner Zeit denkt.
In Bezug auf die freie Wahl eines Ehepartners verzeichnet Luise immerhin einen Teilerfolg, indem sie erfolgreich die Werbung Wurms abwehrt.
Zur Lösung Ihrer Probleme hat sie damit allerdings nicht beigetragen, denn einerseits hat sie Wurms intrigante Energie verstärkt, zum anderen empfindet sie deutlich, daß die Liebe zu Ferdinand und die Zuneigung des jungen Adligen nicht zu ihrem gesellschaftlichen Standort passen und letztlich zu keinem glücklichen Ende geführt werden können. Den Zwiespalt zwischen der persönlichen Liebe und dem gesellschaftlichen Standort akzeptiert Luise als ein auferlegtes, tragisches Schicksal. Folgerichtig verteidigt sie ihren Standpunkt selbstgewiß gegenüber Lady Milford und sieht am Ende ihres tragischen Schicksals nur den Selbstmord. Aus Elternliebe und Gehorsam gegenüber Vater und Mutter gibt Luise den Selbstmordplan schließlich auf und fügt sich in die Lebensperspektive eines vom Hof entehrten bürgerlichen Mädchens.
Als sie der Tod dann doch noch durch Ferdinands Gift ereilt, erduldet sie auch dieses Schicksal.
Indem sie allen verzeiht, erhebt sie sich in den Rang einer christlichen Märtyrerin.

Der Präsident

Der Präsident ist der allmächtige Minister, bei dessen Auftreten im Fürstentum alle Welt zittert. Sein ganzes Trachten ist darauf gerichtet, seine Stellung bei Hofe zu festigen und sich die Gunst des Herzogs zu sichern. Dabei unterwirft er Menschen, Wertvorstellungen und Gefühle dem rationalen Machtkalkül:
Klug begünstigt er die niederen Leidenschaften des Fürsten, um ihn von den Regierungsgeschäften fernzuhalten und allein die Regierungsgewalt ausüben zu können. Er stellt sich mit der Mätresse des Herzogs gut; er schmeichelt dem albernen Hofmarschall von Kalb, weil er ihn zu seinen Zwecken braucht.
„Liebe" sieht er nur als törichte Schwärmerei an, ansonsten haben Beziehungen zwischen Mann und Frau - sofern sie nicht schlicht sinnliche Lust befriedigen - der Absicherung von Macht und Einfluß bei Hofe zu dienen. Selbst der eigene Sohn wird dieser Politik unterworfen, indem er zum Schein die Mätresse des Herzogs heiraten soll und mit dieser Ehe dem Herzog den Weg freimacht, eine aus übergeordneten politischen Gründen angezeigte Ehe einzugehen.
So scheint letztlich einfach alles den Nützlichkeitserwägungen des Präsidenten zu unterliegen; jedwede übergeordnete Autorität verblaßt, und die Menschen werden wie Figuren auf dem Schachbrett bewegt; Unberechenbarkeit und Willkür gegenüber den Untertanen sind die Folge. Bei der Durchführung seiner Pläne gibt sich der Präsident als seriöser und gewiefter Staatsmann, der zwar auch einmal direkt eingreifen kann - etwa wenn er Luise mit der Unterstellung, sie sei Ferdinands Hure gewesen, in die Enge treibt -, der aber doch lieber andere die Intrigen planen (Wurm) und ausführen (Wurm, Hofmarschall) läßt.
Ein Ungeheuer der Machtpolitik allerdings ist der Präsident nicht. Er ist offenbar doch nicht zur letzten Rücksichtslosigkeit und zur letzten Konsequenz der Machtausübung fähig. Ihn plagt das schlechte Gewissen, weil er sich durch verbrecherische Machenschaften in seine Spitzenposition gebracht hat. Sein Sohn Ferdinand erreicht mit einer entsprechenden Andeutung ein momentanes Zurückweichen

des Präsidenten. Auch gibt es Mitwisser, deren der Präsident keineswegs absolut sicher ist, die aber gleichwohl von ihm unangetastet bleiben. Schließlich wäre es dem Präsidenten lieb, wenn die von ihm in Gang gesetzte Intrige keine allzu schmerzlichen Auswirkungen zeigt - gleichwohl läßt er Wurm freie Hand.
Am Schluß des Dramas muß der Präsident erkennen, daß Menschen sich nicht wie Schachfiguren bewegen lassen, sondern doch Empfindungen und Wertvorstellungen nachfolgen, die nicht allein Nützlichkeitserwägungen oder Machtbestrebungen untergeordnet sind.
Im Moment des Scheiterns empfindet er Reue, verwirft sein bisheriges Leben und überstellt sich einer unabhängigen Justiz. Damit deutet er an, daß es die Möglichkeit zu einem menschengerechteren Staat als dem absolutistischen gibt (- obwohl aus der inhaltlichen Logik des Dramas heraus eine unabhängige Justiz nicht entwickelt werden kann, dramaturgisch gewissermaßen in der Luft hängt).

Wurm

Der Sekretär ist seit langem der Handlanger des Präsidenten. Er setzt dessen Pläne als sein Bürochef in die Tat um, wobei er allerdings nicht nur schlicht Befehle ausführt, sondern selbst noch mit eigenständiger krimineller Energie Intrigen betreibt und dem Präsidenten eingibt. Wurm ist zu jedem üblen Plan fähig, ein Ränkeschmied von Grund auf. Schon sein Äußeres läßt einen jeden Betrachter auf einen bösen Charakter schließen. Er möchte die Pläne des Präsidenten in der Weise nutzen, daß für ihn dabei Luise als Gattin abfällt. Um sie zu gewinnen, versucht er ihr Verhältnis zu Ferdinand dadurch zu lösen, daß er zunächst den Präsidenten davon unterrichtet und ihn anreizt, die Familie Miller zu bedrohen; sodann dadurch, daß er Luise zwingt, einen Brief zu schreiben, der ihre bisher gezeigten hohen moralischen Grundsätze als Tarnung für einen lockeren Lebenswandel entlarven soll, sie zur Dirne stempelt und damit für einen 'normalen' bürgerlichen Freier unakzeptabel macht, so daß sein Heiratsangebot geradezu als Gnade erscheinen muß.
Wurm arbeitet mit der Furcht der anderen, und er setzt darauf, daß er

das Wertbewußtsein anderer für die Intrige arbeiten lassen kann. Er hat auch richtig gerechnet, daß der eifersüchtige Schwärmer Ferdinand den Betrug nicht durchschauen und daß das fromme Mädchen den Schwur, die Wahrheit nicht zu verraten, halten wird. Er scheitert aber letzten Endes doch, weil er nicht damit rechnet, daß Ferdinand seine Empfindungen und Werthaltungen bis zur letzten Konsequenz durchdenkt und sie höher stellt als die sonst bei Hofe üblichen taktischen Arangements mit dem gerade Mächtigen.

In allem eindeutig ist die Charakteristik Wurms allerdings nicht. Zwar tritt er inzwischen als der Böse auf und er hat – auch im eigenen Interesse – die Karriere des Präsidenten durch Betrug und Verleumdung anderer vorangetrieben. Aber er läßt doch auch durchblicken, daß er unter seinem Äußeren leidet, daß ihm in den Augen der Umwelt von vorneherein zum Bösewicht gestempelt hat. In dem Vorurteil der Umwelt könnte ein Grund dafür liegen, daß er in seinem bürgerlichen Kreisen früher keine Anerkennung fand und sich deshalb einer Hofkarriere zuwandte, um es dann vonm seiner neuen Machtfülle aus denen "zu zeigen", die ihm einst die kalte Schulter gezeigt hatten.

Dieser Aspekt des Wurmschen Charakters ist nicht so stark ausgeprägt, aber immerhin angelegt, vor allem, wenn man weiß, daß Schiller das Problem des sozialen Vorurteils bei anderen 'Helden' eingehend geschildert hat (Franz Moser in „Die Räuber", Friedrich Wolf in „Verbrecher aus verlorener Ehre", siehe 'Königs Erläuterungen' Band 28/28a, „Die Räuber".

Lady Milford

Lady Milford ist eine 'gemischte Natur' - einerseits befindet sie sich in einer verwerflichen Position vom bürgerlich-sittlichen wie auch vom bürgerlich-staatsbürgerlichen Standpunkt aus, andererseits versucht sie, die aus ihrer Position unvermeidlich entspringenden Ungerechtigkeiten zu mildern. Dabei ist zu bedenken, daß sie als in Not geratene adlige Frau kaum eine vielversprechende Möglichkeit des Über-

lebens besaß. So wurde sie die Mätresse des Herzogs, hat ihm aber wie sich später herausstellt - den Eid abgenommen, seine Landeskinder zu schonen. Ihre Dienerschaft behandelt sie ungewöhnlich gut, und als sie vom Verkauf der Landeskinder als Soldaten hört, versucht sie mit ihren bescheidenen Mitteln, Not zu lindern.
Sie wünscht, was man zunächst nicht erwartet, auch für sich eine echte Liebe, eine Gefühlsbeziehung, die nicht auf Geld und Macht aufgebaut ist, und sie beneidet Luise, die über eine echte Herzensbindung verfügt. Es ist tragisch und beschleunigt den Lauf der Intrige, daß ihre Liebe auf Ferdinand gerichtet ist, der in ihr nur eine verabscheuungswürdige Mätresse sieht und folglich ihre Würde als Mensch verletzt. So kann Lady Milford nicht dem Ziel einer Herzensliebe näherkommen, und das von den Grundhaltungen her im Drama einzig mögliche Bündnis, das den Lauf der Kabale aufhalten könnte, kommt nicht zustande; im Gegenteil, die Mätresse verspricht, sich gegen Ferdinand einzusetzen.
Lady Milford scheitert menschlich. Sie verliert aber nicht ihre menschliche Größe, sondern entzieht sich der Intrige und entsagt - indem sie ihren Schmuck an die Dienerschaft verschenkt - ihrer Machtposition, als sie endlich letzte Sicherheit darüber hat, daß der Herzog seinen Eid gebrochen hat. Sie flüchtet außer Landes.

Miller

Der Musikus Miller verkörpert einen derben Charakter, der etwas vierschrötig auftritt und dabei in seinen Äußerungen noch einen Schuß Humor beimischt. Er bleibt aufrecht gegenüber jedermann - auch die Leute aus den besseren Kreisen oder die Staatsautorität in Gestalt des Präsidenten oder seines Sekretärs können den Untertanen Miller nicht in eine knechtische Haltung zwingen.
Miller lebt in einem engen, aber überschaubaren Lebensraum. Seine Selbstsicherheit bezieht dieser städtische Kleinbürger daraus, daß er sich durch seine Arbeit eine Existenz geschaffen und Kalkulierbarkeit in sein Leben gebracht hat. Der Musikus fügt sich in die Begrenzun-

gen der Standesgesellschaft und wünscht keine Experimente, wie sie auch die Liebe hervorrufen könnte. So besteht er auf einer Beendigung der Beziehung zwischen seiner Tochter Luise und dem Adligen Ferdinand, als er erkennt, daß die beiden mehr als die Liebe zur Musik verbindet.

Zu der Selbstsicherheit, die aus der beruflichen Position heraus entwickelt ist, tritt ein festes Gottvertrauen, daß Miller trotz aller Schicksalsschläge bewahrt. Seine Frömmigkeit hält schließlich auch die Tochter von der Sünde des Selbstmordes ab.

Gegenüber den beiden Frauen, die ihn umgeben, verhält er sich sehr unterschiedlich: Für sein einziges Kind Luise empfindet er eine zarte und fast abgöttische Liebe. Ihr gestattet er - wenn auch innerhalb der Standesgrenzen - die freie Wahl des Ehepartners. Zu seiner Frau besteht offenbar kein Vertrauensverhältnis. Ihr gegenüber verhält sich Miller als befehlender Patriarch. Seine Frau handelt ohne und gegen sein Wissen, indem sie die Beziehung zwischen Luise und Ferdinand heimlich fördert. Hier spielt sich im engen Rahmen einer kleinbürgerlichen Familie eine ständige Intrige im Kleinen ab.

Trotz des Verhaftetseins in der engen, aber überschaubaren Welt und des von hier gewachsenen bürgerlichen Selbstbewußtseins gegenüber Jedermann hat auch Miller geheime Träume vom großen Glück und vom schnellen gesellschaftlichen Aufstieg. Als der Major Ferdinand ihm eine ungewöhnlich hohe Summe für seinen Musikunterricht gibt, gerät er über die Möglichkeiten, die das Geld bietet, derart ins Schwärmen, daß man an seinem Realitätssinn zweifelt.

Am Schluß des Dramas, als er die Leiche Luises sieht, schwindet seine Selbstsicherheit und er läuft verzweifelt davon.

Insgesamt gesehen ist Miller eine Gestalt mit zwei Gesichtern: Einerseits selbstbewußt, unerschrocken und aufrecht, andererseits engen Grenzen verhaftet und selbst nicht frei von Herrschaftshaltung. Es bleibt fraglich, ob dieser Kleinbürgertypus einer deutschen Residenzstadt - so 'menschlich' realitätsgerecht er geschildert ist - ein politischer Hoffnungsträger sein kann.

Millers Frau

Millers Frau befindet sich in einer undankbaren Position. Von ihrem Mann nicht ernst genommen und grob behandelt, versucht sie auf ihre Weise, sich einen Handlungsspielraum zu erhalten: Sie hat das Liebesverhältnis zwischen Ferdinand und Luise heimlich begünstigt, denn es fällt auch ihr gegenüber so manche Artigkeit und so manches kleine Geschenk ab. Im übrigen fühlt sie sich geschmeichelt, wenn ein feiner Herr in ihrem Hause verkehrt.
In ihrer Einfalt bildet sie sich auf die Bekanntschaft des Majors Ferdinand etwas ein und kann gegenüber Wurm die Bekanntschaft nicht für sich behalten, nicht wissend, daß sie damit dem gefährlichen Intriganten willkommene Informationen zukommen läßt.
Gegenüber den Gewaltandrohungen durch die vom Präsidenten verkörperte Staatsmacht reagiert sie wie gewünscht: Sie zeigt Angst, Feigheit und Unterwerfung, sie verkörpert den Untertan als Knecht.

Der Hofmarschall von Kalb

Der Hofmarschall personifiziert den auf äußeren Schein gerichteten Lebensstil des Hofes. Sein Leben spielt sich in Opern und aufwendigen Festen ab. Stutzerhaft gekleidet, mißt er den Kleinigkeiten des Hofprotokolls einen unverhältnismäßig hohen Wert bei und achtet auf die Gerüchte des Hofklatsches. Sein Klatschbedürfnis wird vom Präsidenten für seine Zwecke eingesetzt, indem er ihn die Ankündigung der geplanten Hochzeit zwischen Ferdinand und Lady Milford verbreiten läßt.
Der äußere Glanz kontrastiert mit persönlicher Feigheit, die beinahe dazu führt, daß er Ferdinand die Intrige entdeckte, wenn dieser nicht durch seine Gefühlsaufwallung in seiner Wahrnehmung behindert gewesen wäre.

II. Themen der Interpretation anhand von Vergleichstexten

II.A. Das Zeitalter des Absolutismus

II.A.1. Überblick

Allgemeine Bestimmung der absolutistischen Staats- und Regierungsform:
„Alle Kräfte werden zusammengefaßt, eine feste gesellschaftliche Ordnung aufgerichtet, die Verwaltung zentralisiert; der Wille des Monarchen, in dem sich der Staat verkörpert, lenkt das gesamte Leben der Untertanen, und zwar im Gegensatz zum Lehns-, Stände- und Volksstaat ohne Kontrollinstanz; der absolute Herrscher beansprucht, aus göttlichem Recht zu regieren (auch Gottesgnadentum) und allein vor Gott verantwortlich zu sein; er erstrebt nicht nur politisch-, militärische, sondern auch wirtschaftliche Einheit, Stärke und Unabhängigkeit."
(Nach **E. Bayer,** [**Hrsg.**], Wörterbuch zur Geschichte, 1960, S. 5; die Abkürzungen des Wörterbuchartikels wurden aufgelöst.)

Im absoluten Staate stand der „Untertan" gleichsam vom ersten bis zum letzten Atemzuge unter strengster Staatsaufsicht. Den unverfälschten Geist des fürstlichen Absolutismus spiegelt klassisch folgende fürstlich badische Hofkammerordnung wider:
„Unsere fürstliche Hofkammer ist die natürliche Vormünderin unserer Untertanen. Ihr liegt ob, dieselbigen von Irrtümern ab und auf die rechte Bahn zu führen, auch gegen ihren Willen sie zu belehren, wie sie ihre eigene Haushaltung einrichten, ihrem Feld-

bau vorstehen und durch mehr wirtschaftlich betriebene Haushaltung zur Ertragung der schuldigen Landesabgaben die Mittel sich erleichtern möchten."
(**P. Kampfmeyer,** Geschichte der Gesellschaftsklassen in Deutschland, 1910, S. 99).

Die Rechtspflege erfuhr überall eine Reform, wurde namentlich durch die Aufhebung der Folter humaner gestaltet, die Rechtslage der Bauern wurde in Baden 1783 durch die Aufhebung der Leibeigenschaft dem Gedanken der natürlichen Freiheit angepaßt, während die Belastungen des Bodens noch bestehenblieben. Die Sorge für eine Verbesserung des Schulwesens verfolgte unmittelbar den Zweck, die Bevölkerung aufgeklärter und damit glücklicher zu machen. Dem humanen Zuge dieser Reformtätigkeit entspricht es, daß überall Wohlfahrtsanstalten, Zucht- und Arbeitshäuser, Armen- und Krankenanstalten, Versicherungen aller Art errichtet wurden, daß ferner die Ausdehnung der Medizinalpolizei eine große Rolle spielte.
Die kleinstaatliche Reformpolitik in der Zeit der Aufklärung schließt sich also ganz an die patriarchalische Regierungsweise des Jahrhunderts der Reformation an, in ihrem Ziel, das Behagen der Untertanen zu erhöhen, sie nach den Worten Karl Friedrichs „frei, opulent und gesittet" zu machen, wie in ihrem Mittel, der Bevormundung des Volkes, die ihren klassischen Ausdruck in der badischen Hofkammerordnung von 1766 gefunden hat: danach sollte die Hofkammer die „natürliche Vormünderin" der Untertanen sein und diese „auch gegen ihren Willen belehren, wie sie ihre eigene Haushaltung einrichten" sollen. Aber trotz diesem oft recht kleinlichen Eingreifen in das private Leben, z. B. mit den Verboten des Kaffeetrinkens, wohnte man nicht nur unter dem Krummstab, sondern auch in den gut regierten, weltlichen Kleinstaaten bequem und behaglich, fühlte sich im

allgemeinen recht wohl und pries das Glück, nicht in dem rauhen Militärstaat Preußen leben zu müssen. Allerdings mußte dieses Glück erkauft werden mit dem Verzicht auf wirklich durchgreifende Erfolge. Fast nirgends entsprachen die Ergebnisse der Reformen dem Aufwand an gutem Willen. Neben dem der ganzen Zeit, auch im damaligen Preußen eigentümlichen Mangel an Energie wirkte darauf vor allem die Enge der Verhältnisse, das Fehlen der erforderlichen geistigen Kräfte und die geringe Entwicklung des Staatsbewußtseins gerade beim Beamtentum ein.
(**F. Hartung,** Deutsche Verfassungsgeschichte vom 15. Jahrhundert bis zur Gegenwart, 8. Aufl., 1964, S. 140 f.)

In (dieser) drückenden Enge erstickte die alte Tüchtigkeit des deutschen Fürstentums. Es folgte seit dem letzten Drittel des 17. Jahrhunderts dem sehr viel weltlicher werdenden Geiste der Zeit, das Gefühl der Verantwortlichkeit gegen Gott und der Verpflichtung gegen das Volk starb ab; und da diesen Fürsten in ihren kleinen Staaten keine politischen Aufgaben großen Stiles gestellt waren, so erblickten sie ihre Aufgabe vor allem darin, den „Lustre" und die „Splendeur" der eigenen Persönlichkeit der hochfürstlichen Dynastie möglichst zu pflegen. Unter dem Einfluß französischer Bildung, des französischen Hoflebens, von dem sie meist nur die Außenseite kennenlernten, glaubten sie den Glanz des fürstlichen Hauses nicht besser erhöhen zu können, als wenn sie Maitressen hielten, große Jagden veranstalteten, Schlösser bauten und ein stehendes Heer aufstellten. Soweit die Kosten nicht durch französische Pensionen oder durch die Vermietung der Truppen an fremde Mächte, den berüchtigten Soldatenhandel, gedeckt wurden, mußte das Volk sie tragen. Es sind die Fürsten, über die Friedrich der Große schon als Kronprinz im Antimachiavell seinen ganzen Spott ausgegossen hat.

Je kleiner ein Fürstentum war, desto grotesker wirkte natürlich diese Nachahmung der Großen, desto schwerer lastete sie aber auch auf dem Lande, und desto leichter artete sie in grobe Rechtsverletzung gegenüber den Untertanen aus. Die Kabinettsjustiz griff mit ihren Machtsprüchen unbedenklich auch in die Privatrechte ein. Sie war in der Form freilich nichts Neues, sonder der alte, von der Theorie gebilligte, in der Praxis allgemein geübte Brauch des 16. Jahrhunderts, daß zum Ausgleich von Härten und zur Vermeidung der Umständlichkeiten der ordentlichen Gerichte der Fürst durch seine Räte auch in privatrechtlichen Streitigkeiten Bescheide erteilte; aber sie wurde zum Mißbrauch durch den veränderten Geist des Fürstentums, durch den Mangel an Pflichtbewußtsein.
(**F. Hartung,** a. a. O., S. 131 f.)

Die Höfe saugten das deutsche Land auch in einem tieferen Sinne aus. Alles was gescheit und hübsch war, wurde in den Kreis des Hoflebens hineingerissen, mancher Lakai endete als Geheimsekretär oder gar Minister; die Geliebte eines Hofmannes oder gar des Fürsten selbst zu werden, bedeutete nicht nur ein üppiges Leben, sondern auch Einfluß, Macht, Rangerhöhung. Die Nähe des Fürsten übte einen unwiderstehlichen Zauber aus, man gehörte eben zu ihm, oder man zählte überhaupt nicht. Jeder ordentliche Beamte, jeder tüchtige Offizier sah als höchstes Ziel der Laufbahn die Erhebung in den Adelsstand vor sich. Mit den Hofstellen und Orden waren oft Pensionen verbunden, die Ungnade des Fürsten bedeutete meist den wirtschaftlichen Ruin, deshalb empfand jeder Erfolgreiche das Bedürfnis, das moralische Recht, ja die Pflicht gegenüber seiner Familie, sich zu versorgen. Stellen- und Pfründenjägerei machte das Leben an diesen Höfen abenteuerlich und für viele reizvoll. Von der Hauptmasse des deut-

schen Volkes hob sich mehr und mehr diese Hofgesellschaft ab, sie stellte eine besondere, soziologisch scharf geprägte Schicht dar, sie nahm Bildung, Schliff, Weltläufigkeit, Kenntnis des Auslandes, Kunstgeschmack für sich in Anspruch, sie gewöhnte sich daran, über den Bürger die Nase zu rümpfen. Bürgerlich wurde die Bezeichnung für etwas Minderwertiges.
(**V. Valentin,** Deutsche Geschichte, 1960, S. 311 f.)

II. A. 2. Stände und Standesgrenzen, ‚Mischehen'

Seit dem Ende des Mittelalters erscheinen als die drei nach ihrer rechtlichen, wirtschaftlichen und gesellschaftlichen Stellung voneinander streng geschiedenen Stände: der Adel, der Bürgerstand und der Bauernstand. Noch das 1794 in Kraft gesetzte ALR beruht auf dieser Scheidung, wie die Behandlung in drei gesonderten Titeln (Buch II, Titel 7: Vom Bauernstande; 8: Vom Bürgerstande; 9: Von Pflichten und Rechten des Adelsstandes) erweist.
(**Ed. Heilfron,** Deutsche Rechtsgeschichte, 5. Aufl., 1900, S. 120 f., ALR = Allgemeines Landrecht in Preußen)
Die Geburt entschied schon meist im absoluten Staate das Schicksal des Kindes. Wurde es in eine leibeigene Familie hineingeboren, so war es meist zur ewigen Fronarbeit auf der Scholle verurteilt. Der Sohn des Handwerkers hatte eine größere Ellbogenfreiheit als der des leibeigenen Landmannes, aber auch seine Lebenswege waren schon vielfach durch die Geburt fest umgrenzt. Jeder Stand nahm in der sozialen Stufenleiter des absoluten Staates eine bestimmte Sprosse ein. An diese mußte er fest und unlösbar geschmiedet werden. Der hohe und niedrige Adlige, der Voll-, Halb- und Viertelbauer, der Kaufmann, der Krämer und der Handwerker, sie alle hatten im absoluten Staate ein besonderes Ansehen und eine besondere Ehre. Der Schäfer und Hirt durfte oft nicht in die Rangstufe des ehrsamen Handwer-

kers aufrücken. Die Kinder der Schäfer und Hirten galten lange Zeit für „unehrlich", und vor ihnen schlossen sich deshalb die Türen der Zunftstuben.
(**P. Kampffmeyer,** Geschichte der Gesellschaftsklassen in Deutschland, 1910, S. 100 f.)

A. Der Adel: Der Adel trat als „erster Stand im Staat" (ALR. II, 9 § 1) den beiden anderen Ständen bevorzugt gegenüber. Nur Adlige waren zum Besitze von Rittergütern (ALR. II, 9 § 37, vgl. unter § 81) und zur Ausübung der diesen zustehenden Vorrechte befugt. Sie genossen einen besonderen (eximierten) Gerichtsstand. (ALR II, 9 § 34) und hatten vielfach eigene Patrimonialgerichtsbarkeit (ALR II, 9 § 42).
Sie allein waren grundsätzlich lehnsfähig. Auch nachdem mit dem Aufkommen der stehenden Heere und des Staatsbeamtentums das Lehnswesen seine öffentlichrechtliche Bedeutung eingebüßt hatte, zeigte sich eine Erinnerung an die ursprüngliche alleinige Lehnsfähigkeit des Adels darin, daß fast nur Adlige zu den Offiziers- und den höheren Beamtenstellungen zugelassen wurden.
Hiernach war der Adel ein gegenüber den beiden anderen Ständen im öffentlichen und bürgerlichen Rechte bevorzugter, geschlossener Stand, und dies zeigte sich besonders darin, daß nur Adlige als einander ebenbürtig galten. Die Ebenbürtigkeit hatte zwar nicht mehr die vielfache Bedeutung wie im Mittelalter, vielmehr beschränkte sie sich wesentlich auf die Ehe. Hier hat sie sich aber bis in das 19. Jahrhundert erhalten. Noch im ALR II, §§ 30 ff. wurde die Ehe eines Adligen mit einer Person des Bauern- oder niederen Bürgerstands von gerichtlichem, nach Bewilligung der drei nächsten Verwandten zu erteilendem Dispens abhängig gemacht.
(**Ed. Heilfron,** a. a. O., S. 121)

Auch für den niederen Adel gab es ein allerdings beschränkteres Recht der Ebenbürtigkeit. Zwar waren Ehen zwischen Adligen und Bürgerlichen an sich nicht unstandesgemäß, aber die Gesetzgebung trat ihnen doch entgegen, wenn es sich etwa um eine Ehe zwischen einem adligen Manne und einem Mädchen von niedriger Herkunft handelte und erkannte den aus einer solchen Ehe hervorgegangenen Kindern die Vorrechte des Adels ab. Auch in Preußen hat noch das Allgemeine Landrecht von 1794 die Ehe eines adligen Mannes mit einer „Weibsperson aus dem Bauern- oder geringeren Bürgerstande" sogar für nichtig erklärt, wenn nicht ein gültiger Dispens des Justizkollegiums und die Einwilligung dreier Verwandten des Mannes oder ein Patent des Landesherrn vorlag.
(**C. Gebauer,** a. a. O., S. 222)

Wenn aber einer der aufgeklärtesten Monarchen des 18. Jahrhunderts solche Ansichten hegte und aussprach, so kann es nicht wundernehmen, daß das Selbstbewußtsein des Adels in schroffen Gegensatz zu dem allgemeinen Rechtsgefühl des Bürgertum und zu dem geschichtlichen Urteil späterer Zeiten geriet. Nicht nur der höfische Adel, sondern auch der nichthöfische in Stadt und Land gefiel sich darin, den Abstand vom „Pöbel", von der „Canaille" bei jeder Gelegenheit hervorzukehren. Diese Adelsüberhebung wirkte um so beleidigender, je weniger sie den allgemeinen Bildungsverhältnissen der Stände entsprach, denn die Bildung des Bürgertums hatte seit dem zweiten Viertel des 18. Jahrhunderts an Weite und Tiefe jene des Adels ganz erheblich überflügelt, und nur noch in den geselligen Formen gebührte dem in der Schule der französischen Hofkultur erzogenen Adel einstweilen der Vorrang.
(**C. Gebauer,** a. a. O., S. 227)

B. Der Bürgerstand. Mit der Entwicklung der Städte schieben sich deren Angehörige, die Bürger, als ein durch den Wohnsitz gekennzeichneter, beruflich (Kaufleute und Handwerker) und rechtlich besonderer Stand freier Leute zwischen die ritterbürtigen und nach Landrecht lebenden Adligen und die mindestens dringlich, vielfach aber auch persönlich abhängigen und dem Hofrecht unterworfenen Bauern ein. Wie kein Bürger ein Rittergut erwerben konnte, so durfte auch kein Adliger oder Bauer ohne besondere staatliche Genehmigung einer „bürgerlichen Nahrung" sich zuwenden. Ja nach ALR II, 9 § 81 ging der Adel verloren, wenn ein Adliger sich in eine Zunft einschlich und bürgerliche Gewerbe betrieb.
Unter den Städtebewohnern wird partikularrechtlich zwischen dem höheren und dem niederen Bürgerstand unterschieden. Zum höheren Bürgerstande werden regelmäßig gerechnet: der städtische Adel (die Patrizier), die höheren Beamten und die Großkaufleute. In einzelnen Beziehungen (Ebenbürtigkeit, Exemtion von der städtischen Gerichtsbarkeit) wird der höhere Bürgerstand mit dem niederen Adel zu einem „höheren Stande" (Schriftsässige) verbunden und den „niederen Ständen" (niederer Bürgerstand, d. h. Kleinkaufleute, Handwerker, Arbeiter und Bauernstand, „Amtssässige") gegenübergestellt.
(**Ed. Heilfron,** a. a. O., S. 125 f.)

II. A. 3. Lebensauffassung und Lebensführung im Adel und bei Hofe

Die Ethik des Rokoko fand ihren besonders zugespitzten Ausdruck in der Äußerung des neapolitanischen, ganz in Paris heimisch gewordenen Abbés, Staatsmannes und Gelehrten Galiani (1728 – 1787) zu der Madame d'Epinay: „Wenn uns die Tugendhaftigkeit nicht glücklich macht, wozu zum Teufel ist sie da! Ich

rate Ihnen, haben Sie so viel Tugend, als gut ist für Ihr Behagen und Ihre Bequemlichkeit, nicht mehr. – Und kein Heroismus! Ich bitte Sie, es tötet mich und langweilt mich bis zum Sterben."
(**C. Gebauer,** Geistige Strömungen und Sittlichkeit im 18. Jahrhundert, 1931, S. 38 f.)

Gottlieb Wilhelm Rabener hat in seinen Satiren (1751 – 1755) geschildert, wie auch im niederen Adel das Unrecht unter dem Schein des Rechts sein Wesen trieb. Er geißelt Adlige, die unter Mißbrauch ihrer Patronatsgewalt ihre Mätresse zur Pfarrerin machen oder die Richter bestechen, oder über welche die Bauern wegen harter Bedrückung und unmäßiger Belastung klagen. Er geißelt Junker, die auf Kavalierehrenwort borgen, aber ihre Schuld nicht zahlen, und ähnliches mehr. Überall, besonders an den Höfen, gab es adlige Nichtstuer und Glücksritter, die es wenig genau mit den einfachsten Grundsätzen landläufiger Moral nahmen, wenn sie in amtliche oder geschäftliche Berührung mit Personen des verachteten Bürgerstandes gerieten.
(**C. Gebauer,** a. a. O., S. 223)

Als die prunkvollsten Höfe Deutschlands aber sind in jener Zeit der sächsische unter dem Kurfürsten Friedrich August I., genannt August der Starke (1694 – 1733), und Friedrich August II. (1733 – 1763) und der württembergische unter den Herzögen Eberhard Ludwig (1677 – 1733) und Karl Eugen (1737 – 1793) bekannt. Hier hatte die Jagd nach Lebensgenuß leidenschaftliche Formen angenommen, hier folgten sich die höfischen Feste oft wochenlang fast ununterbrochen im buntesten Wechsel, so daß das Leben des Fürsten, seines Hofadels und selbst der Bürger, die man gnädig als Zuschauer bei den Vergnügungen zuließ, einem nicht enden wollenden Rausche glich. Bernhard v. Rohr widmet in seiner „Ein-

leitung zur Zeremonialwissenschaft der großen Herren" (Berlin 1729) den höfischen „Divertissements" das ganze vierte Buch und nennt als solche:
Aufzüge, Turniere und andere Ritterspiele, Karussells, Ringelrennen und Roßballette, Konzerte, Tänze, Bälle, Ballette, Opern, Komödien, Karneval und Maskeraden, Wirtschaften (ländliche Feste, bei denen Fürst und Fürstin die Rolle bäuerlicher Gastgeber spielten), Bauernhochzeiten, Schäfereien, Schlittenfahrten, Illuminationen, Feuerwerk, Lustschießen, Lustjagden, Tierkämpfe, Fuchsprellen, Fischzüge, Schiffsfahrten, Winzerfeste und andere bäuerliche, zuweilen durch derbe Scherze gewürzte Lustbarkeiten. Die gegen die älteren Zeiten vor und nach dem Dreißigjährigen Kriege erheblich gesteigerte Eleganz der Feste des Rokoko war eine schlechte Entschädigung für die Not, die dem Volke durch die sich stets mehrende Steuerlast entstand. Besonders groß wurde der fürstliche Wahnwitz, wenn Liebschaften mit Mätressen den Vergnügungstaumel immer mehr anstachelten, wie es unter dem Einfluß der württembergischen Grävenitz und der wechselnden Buhlerinnen Augusts des Starken geschah. Alle Künste der im Punkte des Raffinements damals schon hochentwickelten Technik wurden dann aufgeboten, um ein täuschendes Bild der Freuden des heidnischen Olymps als wirksamen Hintergrund für die Liebesabenteuer des Fürsten hervorzuzaubern.
(**C. Gebauer,** a. a. O., S. 43 f.)

Ein Karl von Württemberg hielt sich die ersten Schauspieler Europas, er ließ Feuerwerke in die Luft gehen, die eine Tonne Goldes kosteten, und verloste bei Hoffestlichkeiten die kostbarsten Geschenke unter seine Gäste. Seine übermütige Verschwendungslust verlockte ihn, Seen auf Bergen anzulegen. Er veranstaltete Schlittenfahrten auf einer Schneedecke, zu der aus meilenweiter Entfernung der Schnee herbeigeschafft werden mußte.

Bei großen Festlichkeiten sprudelten die Fontänen Wein für die Menge.
(**P. Kampffmeyer,** Geschichte der Gesellschaftsklassen in Deutschland, 1910, S. 113)

II. B. Das Kleinbürgertum

II. B. 1. Lebensweise und allgemeine Lebenshaltung

Gegen jede hingebende Tat erhob sich die Armseligkeit dieses Lebens. Diese zwang dem Kleinbürger, wollte er seine dürftige Existenz nicht gefährden, eine gewisse Kälte und Gleichgültigkeit gegen seine Mitmenschen auf.
Er mußte sparsam sein, um sich und seine Familie durchzubringen, daher haftet ihm häufig eine ausgesprochene Knickrigkeit an. Das mühsam pfennigweise erworbene Gut verleitete ihn zur Pfennigfuchserei. Eine rein menschlich schöne Geselligkeit schließt ebenfalls die Dürftigkeit dieses Lebens aus; denn diese Geselligkeit ist ja mit verhältnismäßig großen Kosten verknüpft. Nur Eingezogenheit und Sparsamkeit sichern dem Kleinbürger seine Existenz. Im allgemeinen war „das deutsche Familienleben des 18. Jahrhunderts", so sagen wir mit Karl Hettner, „arm und öde, reizlos und philisterhaft oder kannte Gemüt und Phantasie nur in der kläglichen Verzerrung eitler Empfindelei und Selbstüberhebung".
Keine entschiedene Opposition reckte sich in den verspießerten kleinbürgerlichen Kreisen gegen den fürstlichen Absolutismus empor.
(**P. Kampffmeyer,** Geschichte der Gesellschaftsklassen in Deutschland, 1910, S. 109)

Das Leben des mittleren und kleinen Bürgers verlief im 18. Jahrhundert noch in sehr einfachen geregelten Bahnen. Der Haushalt war in Stadt und Land sehr bescheiden. Nur bei den seltenen festlichen Anlässen – wie sehr hatten doch Vergnügungssucht und Wohlleben in diesen Kreisen seit dem Dreißigjährigen Krieg abgenommen –, bei Hochzeiten, Taufen und ähnlichen Familienfesten, wohl auch an den kirchlichen Feiertagen zeigte, wer es konnte, seinen Wohlstand. Aber die Grenzen blieben eng. Eine strenge Ordnung bestimmte das ganze Leben in und außer dem Hause bis hinab zu den Komplimenten und den Trinkgeldern. Fest bestimmt waren sogar die Tage, an denen man zur Ader ließ, seine Rechnungen bezahlte, seine Besuche machte. Auch die Speisen und die Zerstreuungen standen fest für alle Feiertage des Jahres. Dasselbe Hausgerät schmückte die Wohnung oft für mehrere Geschlechter. Dieses feste Gefüge bürgerlicher Sitte hatte in jenen Zeiten, da das Individuum noch nicht zu innerer sittlicher Freiheit sich durchgerungen hatte und noch mehr unter dem Zwange der Gemeinschaft stand als heute, seine nicht zu unterschätzende ethische Bedeutung. In diesen Kreisen blieb auch die Geselligkeit bescheiden, und vom Kleiderluxus hielt man sich im allgemeinen fern. Die Hauszucht gegenüber Kindern und Dienstboten, Lehrlingen und Gesellen war oft sehr hart; erbarmungslose Prügel erhielten selbst Mädchen oft für ganz kleine Versehen. (**C. Gebauer,** a. a. O., S. 60 f)

Die Obrigkeiten haben in den Schulerlassen des 16., 17. und 18. Jahrhunderts stets betont, daß auf Gottesfurcht, christliche Zucht, gute Sitte, Anstand und Höflichkeit der Kinder Wert zu legen sei, und haben hierdurch die Grundlagen bürgerlicher Ehrbarkeit zu erhalten gesucht.
Größte Ehrerbietung verlangten nach den Zeugnissen der Familienbriefe jener Jahrhunderte die bürgerlichen Eltern von ihren Kindern, welche sie nur mit dem förmlichen „Sie“ anzureden

hatten. Die Auswüchse kindlicher Aufsässigkeit, die gegen das Ende des 18. Jahrhunderts mit den mißverstandenen Ideen der Französischen Revolution hier und da aufkamen, haben in soliden Bürgerkreisen zum Segen der moralischen Entwicklung strenge Verurteilung gefunden.
(**C. Gebauer,** a. a. O., S. 61)

Der Kleinbürger Deutschlands hatte nicht den geringsten Einfluß auf die Gestaltung des politischen Lebens. Eine Öffentlichkeit in unserem Sinne gab es nicht. Noch hielten nicht Zeitungen und Flugschriften mit ihren scharf leidenschaftlichen Parteimeinungen den Kleinbürger in Atem. Und dann empfand der Kleinbürger auch gar kein Bedürfnis nach einer Auseinandersetzung mit den staatsabsolutischen Grundsätzen, gegen die wir uns heute so leidenschaftlich auflehnen. Wir leben eben heute in einer Welt mit wesentlich anderen Rechtsanschauungen als das 18. Jahrhundert.
Die gekrönten Despoten des 18. Jahrhunderts hätten es für eine Beleidigung ihrer Majestät und für einen Frevel gegen die Gottesordnung gehalten, wenn man an ihre Taten den gleichen rechtlichen Maßstab angelegt hätte wie an die Handlungen der gewöhnlichen Menschen. Sie waren ja die gottbegnadeten Herrscher, über die kein Sterblicher zu richten hatte. Von Gott selbst hatten sie Land und Leute zum Eigentum erhalten, und daher sahen sie in ihrem willkürlichen Schalten und Walten über ihre Untertanen kein Unrecht.
Der regierende Fürst und Bischof von Speier sprach gewiß der Mehrzahl seiner Standesgenossen aus dem Herzen, als er im Jahre 1785 in einer Art Katechismus für das Volk folgenden Satz drucken ließ: „Untertanen sollen sich wie die Diener verhalten, weil der Landesfürst ihr Herr ist und sowohl über unser Leben,

als über unsere Güter die Gewalt hat." In den Köpfen der Menschen des 18. Jahrhunderts hatte sich die damalige Staats- und Gesellschaftsordnung so eingelebt, daß sie diese für rechtmäßig und vernünftig hielten. In ihren Augen hatte die Gottheit die Menschen aus verschiedenen Stoffen geknetet, sie hatte eine unverwischbare Rangordnung unter den Sterblichen geschaffen. Das moderne Gefühl der Rechtsgleichheit, das sich in uns mit solcher durchschlagenden Kraft und mit einer solchen Sicherheit bestätigt, als bestände es schon ewig, dies Gefühl kannte der Durchschnittsmensch des 18. Jahrhunderts nicht.
(**P. Kampffmeyer,** a. a. O., S. 116 f)

Ein starker Konservativismus, Anhänglichkeit an das Althergebrachte, Sitte und Anstand, Patriarchalismus und viel Pedanterie, außerdem noch häufig strenge Kirchlichkeit und Religiösität, die erst allmählich unter dem Einflusse der Aufklärung freigeistigen Ideen Platz machte, waren die Hauptkennzeichen der bürgerlichen Ehrbarkeit, auf die dann die große bürgerliche Sittenreform des 18. Jahrhunderts, die innere Erneuerung des deutschen Menschen jener Zeit, zurückgeht.
(**C. Gebauer,** a. a. O., S. 58 f)

Wilhelm Heinrich Riehl sagt in seinem bekannten Buch „Die bürgerliche Gesellschaft" (1851) mit Recht: „Der Bürgerstand der Perücken- und Zopfzeit erscheint freilich in keinem besonders vorteilhaften Lichte, wenn man ihn für sich allein betrachtet. Er hebt sich aber um so glänzender ab, sowie wir ihn mit der gleichzeitigen Gesunkenheit der höheren Stände zusammenhalten. Gerade in diesen trübseligen Tagen bewährte sich das konservative Element, welches namentlich dem kleineren Gewerbestand einwohnt. Er blieb wenigstens sittlich sich selber treu, während die Aristokratie in sittlicher Auflösung unterzugehen

drohte. In entsagender, stiller Arbeit, im ehrenfesten, frommen Familienleben war und blieb der deutsche Handwerker damals national, ob ihm gleich das klare nationale Bewußtsein erloschen war. Sozial war er in selbiger Zeit fast die einzige erhaltende Macht im Staate, welche verhütete, daß die Gesellschaft nicht in sittlicher Fäulnis auseinanderfiel. Daß uns heute noch die Begriffe des Bürgerlichen und des Ehrbaren als sehr nahe verwandt, wohl gar als gleichbedeutend gelten, datiert von daher."
(**C. Gebauer,** a. a. O., S. 59)

II. B. 2. Die (klein)bürgerliche Familie

Von jeder politischen Betätigung war der „Untertan" im absoluten Staat ausgeschlossen. Die Stadtmauern und Werkstattwände begrenzten den Gesichtskreis des Kleinbürgers. Um das alltägliche Einerlei des Handwerks und der Familie drehte sich das Gespräch der Kleinbürger.
Die bürgerliche Familie der damaligen Zeit hatte einen streng patriarchalischen Charakter. Der Familienvater genoß ein unbegrenztes Ansehen. Der erste Schritt zur Begründung der Familie, das Eingehen der Ehe, wurde mit einer ganzen Reihe zeremonieller Feierlichkeiten begangen. Die Ehe allein verlieh die Würdigkeit einer ehrlichen Geburt. Die außerhalb der Ehe erzeugten Kinder galten als unehrlich, ihnen war selbst der Eintritt in eine Zunft lange Zeit verschlossen.
In der Familie war der Hausvater der unumschränkte Herrscher. Mit „Sie" redete der Sohn den Vater an und im Briefstil nannte er ihn stets den „Herrn Vater". Von der Zustimmung des Vaters hingen alle wichtigen Familienbeschlüsse ab. Wollte der erwachsene Kleinbürger ein Mädchen freien, so holte er sich zu diesem wichtigen Schritte erst die Erlaubnis des Herrn Papa ein. Ein Ver-

löbnis unter vier Augen war selbst den unabhängigsten Brautleuten verboten, „und durch die Zuziehung wenigstens zweier Freunde als Zeugen mußte der Vorgang sein offizielles Gepräge erhalten". (Riehl: „Die Familie".)
In der Familie selbst kam nur in den seltensten Fällen ein ungezwungener Ton auf. Der Hausherr hielt es für seine Pflicht, seiner Frau mit großer Förmlichkeit zu begegnen. Das gute Hausmütterchen war ihrem Manne gegenüber ganz Ergebenheit und ganz Gehorsam. Uns sind aus dem vorigen Jahrhundert viele Züge erhalten, die schlagend beweisen, in welcher knechtischen Furcht vor ihrem Manne die Frau noch teilweise lebte.
„Meine Mutter", ruft Justinus Kerner in seiner Erinnerung an sein Jugendleben im Elternhause aus, „es war durch ihr ganzes Leben Demut und Gehorsam gegen ihren Eheherrn, ja selbst Furcht vor ihm, Hauptzug ihres Charakters. Sein Wille war ihr strenges Gebot, und ihr ganzes Dichten und Trachten ging nur dahin, ihn bei gutem Mute zu erhalten und alles Unangenehme von ihm zu entfernen." – Von der Gattin und den Kindern forderte Kaspar Schiller ehrfurchtsvollen Gehorsam.
Mit Eifersucht hielt der Hausherr auf die ihm gebührende Ehrfurcht, und er erheischte von den Seinigen das gleiche Verhalten, das er in seiner Eigenschaft als Gutsherr, Beamter, Meister oder Offizier usw. von seinen Untergebenen gewöhnt war. Bezeichnenderweise spielen in den Schauspielen des 18. Jahrhunderts die Haustyrannen eine große Rolle.
(**P. Kampffmeyer,** a. a. O., S. 166 f)

II. B. 3. Eheschließungen, gesellschaftliche Behandlung der Liebe und gesellschaftliche Position der Frau im (Klein-) Bürgertum – im Gegensatz zum Adel

Das Liebesleben der bürgerlichen Klassen bewegte sich im 18. Jahrhundert in festen herkömmlichen Formen. Die Liebe wurde meist sehr hausbacken und nüchtern aufgefaßt. Beim Abschluß der Ehe fand die freie Liebeswahl nur wenig Berücksichtigung. Erst kommen die Güter, dann die Gemüter, dieses Wort galt noch als Regel- und Richtschnur für den Abschluß der meisten Ehen. Die Familienväter brachten nach genauer Abwägung der Vermögensverhältnisse die Ehe ihrer Kinder zustande. „Die Fälle", versichert Frau Gottsched in einem ihrer Briefe, „wo ein Vater oder eine Mutter ihren Kindern bei der Wahl ihres Berufes, der Bestimmung ihrer Studien oder Eingehung eines Herzensbündnisses eine Stimme einräumt, gehört zu den seltenen und werden als besondere Liberalität gerühmt."
Eine gewisse Förmlichkeit und Frostigkeit zeigte selbst das Liebesleben der bessergestellten kleinbürgerlichen Kreise. Ein Wust zeremonieller Redensarten schleppte sich selbst durch ihre Liebesbriefe. Warb ein Mann um die Hand einer Jungfrau, so schloß er seinen Brief mit den Worten: „Meiner schätzbarsten Jungfer Ergebenster Diener N. N." Die Jungfrau vergaß fast nie, ihrem Liebhaber, wenn er um ihre Hand anhielt, einzuschärfen, daß „solche Geschäfte von dem Rate und Gutachten deren Eltern abhängen".
(**P. Kampffmeyer,** a. a. O., S. 107 f.)

Dem strengen Ehrbarkeitsideal des Bürgertums entsprach die eigentümlich trockene Auffassung der Liebe und der seelischen Beziehungen der Geschlechter. Bis gegen die Mitte des 18. Jahrhunderts waren die Äußerungen des Liebesgefühls auf

einen gemessenen, ja kühlen Ton gestimmt.
In den Briefen der Viktoria Adelgunde Kulmus an ihren Bräutigam Gottsched drücken Äußerungen wie diese: „Wie angenehm sind Ihre Briefe, bester Freund", schon den höchsten Zärtlichkeitsgrad aus. Gottsched selbst urteilt in der Wochenschrift „Die vernünftigen Tadlerinnen" von 1725 sehr abfällig über Liebesbriefe. Sind diese nicht „auf die Ehe gerichtet", meint er, so sind sie unerlaubt, unchristlich und unvernünftig. Sind sie aber auf die Ehe gerichtet, so sollen sie sich wie jenes andere an ein Frauenzimmer gerichtete gleichgültige Schreiben durch muntere, sinnreiche Schreibart und „zärtliche" Ausdrücke auszeichnen, doch sollen sie nicht eigentlich verliebt sein.
„Ein verliebtes Schreiben wird bei Vernünftigen sehr wenig ausrichten." Von einem einträglichen Amt, einer gesegneten Nahrung, einem reichen Erbteil versprach man sich mehr Erfolg.
(**C. Gebauer,** a. a. O., S. 68 f.)

Obwohl auch im mittleren Bürgertum die Ehe meist das Ergebnis eines Rechenexempels war, galt es als anständig, den Schein der Neigungsehe zu wahren, wodurch sich freilich an der Sache selbst nicht viel änderte. Man erwartete, daß der auserwählte Bräutigam der Braut die „Cour" machte, ihre Neigung durch „Tugend" verdiente, das Mädchen aber dem Verlobten gegenüber ihre hausfraulichen Vorzüge hervorkehrte. Verpönt und wohl kaum zu finden war die sogenannte Liebe auf den ersten Blick.
(**C. Gebauer,** a. a. O., S. 70)

Auf dem Gebiete der sexuellen Sitte hat sich der ehrbare Bürgergeist großer Zurückhaltung im Vergleich zu den emanzipatorischen Bestrebungen des Rokokoadels und später auch der „Genialen" befleißigt. Damit hing aber auch die erheblich eingeengte Stellung des weiblichen Geschlechts in der bürger-

lichen Familie zusammen. Die Bewegung der Frauen außerhalb des Hauses, in der Öffentlichkeit der Straße, war hier durch die gute Sitte eingeschränkt. Ohne „Kammermensch", das heißt ohne eine weibliche Bedienung, auf die Straße, in die Kirche oder in einen Laden zu gehen, galt für Frauen und Mädchen der besseren Bürgerklasse als unschicklich. Für Theater und Konzertsaal war Begleitung durch einen männlichen Familienangehörigen nötig. Väter, Gatten und Brüder besaßen ein weitgehendes Bestimmungsrecht gegenüber ihren weiblichen Anverwandten in allen möglichen Fragen des Lebens. Die häusliche Tätigkeit galt als dem Weibe allein angemessen, die Vorbereitung zu einer rechten christlichen Ehe, als der wichtigste Gegenstand der weiblichen Hauserziehung. Was Frauen und Töchter lesen durften oder lesen sollten, wurde als brennende Frage in den Wochenschriften und in der Buchliteratur immer wieder erörtert. Romanlektüre war wenigstens in der ersten Hälfte des 18. Jahrhunderts den Töchtern guter Bürgerhäuser so gut wie verboten, und der schlüpfrige Inhalt der galanten Romane jener Zeit konnte dies wohl auch einigermaßen rechtfertigen. Dagegen beanspructe die Erbauungsliteratur in der Bibliothek des „Frauenzimmers" immer noch einen breiten Raum.
Besonders die Schriften des protestantischen Theologen Johann Arndt (1555–1621), die „Vier Bücher vom wahren Christentum", das „Paradiesgärtlein aller christlichen Tugenden", die „Postille" und die „Auslegung des Katechismus Lutheri" erfreuten sich noch im 18. Jahrhundert großer Beliebtheit.
Überall, wo im 18. Jahrhundert das bürgerliche Selbstgefühl zur Kampfstimmung erstarkte, ist die strenge, unbeugsame Keuschheitsmoral und Tugend des Weibes zum Symbol der bürgerlichen Sittlichkeit erhoben worden, in der englischen Literatur, in Lessings „Emilia Galotti", schließlich noch in Ifflands Tendenzstücken. Mochten auch Fehltritte vorkommen, besonders in

fürstlichen Residenzstädten, wo die Verführung vom Hofe ausging, so hat doch die bürgerliche Auffassung solche immer mit großer Strenge gebrandmarkt.
(**C. Gebauer**, a. a. O., S. 66 f.)

Die öffentliche Abkanzelung und Abweisung vom Abendmahl wurden vorwiegend gegen die Verfehlungen der Kirchkinder angewendet. Zur Buße — mitunter gar in besonderem Bußgewande — saßen auf den Sünderbänkchen die Gott- und Pflichtvergessenen und ließen über sich die strengen Fragen der Pastoren ergehen und baten diese im Namen der Gemeinde um Verzeihung.
Die unehelich geborene Braut wurde von der Kanzel herunter als „Hurkind" proklamiert. Bräute, die dem Priestersegen vorgegriffen hatten, wurden exkommuniziert, wenn Sie bei der Trauung einen Kranz zu tragen wagten. Man streute den „gefallenen" Mädchen Häckerling auf den Weg und an den Kirchentüren mußten sie vielfach noch Kirchenbuße tun. Ihre Sünden wurden öffentlich bekanntgemacht, sie erhielten einen besonderen Bußplatz angewiesen.
(P. Kampffmeyer, a. a. O., S. 80)

II. C. Der Anbruch der „Neuen Zeit"

II. C. 1. Christliche Kritik an den Fürstenhöfen durch den Pietismus*

Der Pietismus legte grundsätzlich Wert auf die „praxis pietas", d. h. auf die Betätigung der Frömmigkeit in den Werken

* Der Pietismus war die protestantische Glaubensströmung, die bis ins 17. Jh. zurückreichte und vor allem in Württemberg viele Anhänger fand. Vgl. Königs Erläuterungen Bd. 28/28 a: **M. H. Ludwig**, Erläuterungen zu Friedrich Schiller „Die Räuber", S. 88 ff.

des täglichen Lebens. Wesenhaft war ihm die Heiligung des Tagewerkes, die aszetische Abkehr von der Welt und ihren Verlockungen, die Vermeidung aller weltlichen Vergnügungen, wie Tanz, Kartenspiel, Theaterbesuch, weltliche Lektüre und dergleichen. Die „Pia desideria" tadelten nachdrücklich das nur „nach dem Fleische eingerichtete" Leben der Weltleute, die lockeren Sitten der Höfe und vornehmen Kreise, die Rachgier und Prozeßsucht im Volke, die kärgliche Wohltätigkeit, die Trunkliebe, die Verderbnis des häuslichen Lebens, die herrschende Lieblosigkeit und andere Laster. Der Pietismus nötigte auch die Vornehmen ein einfaches, sittenstrenges bürgerliches Leben zu führen, und seine Geistlichen hielten als Hofprediger den verweltlichten, sittenlosen Fürsten und Großen oft moralische Standreden, die dem abergläubischen Gemüt Furcht und Schrecken einjagten.
(**C. Gebauer**, a. a. O., S. 27 f.)

II. C. 2. Wahre Liebe und Neigungsehe — gebildete und literarische Kritik sowohl an ungezügelter Liebe bei Hofe wie an bürgerlichen Eheanbahnungen aus rein finanziellen Rücksichten. — „Emanzipation" der Liebesgefährtin.

Die Ehe wurde von den Sittenreformern als die Grundlage der menschlichen Gesellschaft erkannt. Sie war ihnen die vollständige und ausschließliche leibliche, geistige und ethische Lebensgemeinschaft zweier Gatten. Gegenseitige Liebe, Achtung und Hingabe soll die Gatten vereinigen. Die rechtliche Grundlage der Ehe bildet das Naturrecht, das die Gleichwertigkeit der Geschlechter verkündigt und die Ehe als Vertrag Gleichberechtigter auffaßt, der freilich wie jeder andere Vertrag unter bestimmten Voraussetzungen gelöst werden kann. Es

wurde betont, daß der Mann dieselbe Treue zu halten hätte wie die Frau, gemäß dem Prinzip der bürgerlichen Ehrbarkeit. Der Gefühlskultus läßt seit 1740 in der Betrachtung der Ehe immer mehr das Gemütvolle des ehelichen Zusammenlebens gegenüber dem rein praktischen Zweck der Kindererzeugung hervortreten. Im einzelnen kämpfte die Erziehungsarbeit gegen die galante Auffassung von Sexualität und Ehe, die alte bürgerliche Pedanterie in der Ehe, die Vernachlässigung des Neigungsmomentes und die geschäftsmäßige Ehestiftung. Die stärkere Betonung des Geistigen führt zur Forderung einer vertieften Bildung der Frauen. Die Eigenschaften der Gatten, die das eheliche Glück gewährleisten, wurden immer von neuem erörtert, auch die Vorzüge des Ehelebens vor dem ehelosen gepriesen, weil die Ehe zur ethischen Höherführung des Menschen bestimmt wäre. Auch aus allgemeinen Gründen erschien die Bildung des weiblichen Geschlechts seit Gottscheds „Tadlerinnen" den Reformern von großer Wichtigkeit für das Gedeihen von Haus und Gesellschaft. Nicht selten findet sich in den Wochenschriften eine sogenannte Frauenzimmerbibliothek, eine Zusammenstellung der wichtigsten und lesenswertesten Schriften philosophischen, religiösen und belletristischen Inhalts für Frauen und Mädchen. Für die weibliche Bildung zu sorgen, galt den Reformern als Gebot allgemeiner Menschlichkeit.
(**C. Gebauer**, a. a. O. S. 121 f.)

Aus diesen Wandlungen und Schwankungen des Gefühlslebens entwickelte sich eine Auffassung der Ehe, in der das Recht der Leidenschaft, aber auch das gesunde Empfinden und das Bedürfnis nach geistiger und seelischer Gemeinschaft stärker hervortrat. Die rührende Klageode des Freiherrn von Canitz auf den 1695 erfolgten Tod seiner Gattin Doris, in der die Trauer um die frühzeitige Zerstörung eines glücklichen Bundes ergrei-

fende Töne gewinnt, war ein ganz vereinzeltes Zeugnis tieferer Gemeinschaft in der Ehe geblieben. Der Subjektivismus der Zeit der Empfindsamkeit durchdrang nun den Alltag mit erhobener Seelenstimmung. Begünstigt wurde die Entwicklung durch die Verbreitung höherer literarischer und ästhetischer Bildung, welche die Interessengemeinschaft zwischen Mann und Weib seit der Mitte des 18. Jahrhunderts ganz wesentlich vertiefte. Die Frau wurde aus der gefügigen Dienerin und Haushälterin des Mannes in den gebildeten Kreisen die gleichberechtigte Gefährtin auch in geistiger Beziehung. Eine ganz neue Erscheinung war es, wie die „Beobachtungen in der literarischen Welt" von 1773 einmal sagen, daß der Ehegatte jetzt seiner Lebensgefährtin huldigen konnte, wie früher nicht einmal der Bräutigam seiner Braut.
(**C. Gebauer**, a. a. O., S. 78 f.)

Michael v. Loen spricht 1752 in seinem mehrfach erwähnten Buch vom Adel bereits von den Vorzügen, die der bürgerlichen Tugend über den großen Vorrang der Geburt zukäme. Er bezeichnet Tugend und Weisheit als den wahren Adel, ob er gleich nach den bürgerlichen Gesetzen und nach der Verfassung der Welt nicht das wirkliche Ansehen des Adels habe. **Die Tugend** brauche „weder Ahnen, noch imagines, noch Titel, noch einen pergamentern Brief."
(**C. Gebauer,** a. a. O., S. 237)

Der Sturm und Drang kämpfte wie die Sittenreform der Aufklärung für die Idee der persönlichen Freiheit des Individuums, nur um vieles radikaler, indem er, wie Korff sagt, sich nicht dem Vernunftgesetz unterwarf und nicht Selbstbeherrschung forderte, sondern Selbstauswirkung. Er eiferte gegen den Despotismus, der sich abschreckend an manchen deutschen Fürstenhöfen zeigte. Er

erhob zum ersten Male soziale Forderungen. Man denke nur an das wilde „Trinklied für Freie" von Voß (1774), an Lessings „Emilia Galotti" und Schillers „Kabale und Liebe". Er brandmarkte in anderen Gedichten von Voß die Junkerwirtschaft und die Leibeigenschaft auf dem Lande. In Schillers „Räubern" und Goethes „Götz von Berlichingen" zeigt sich sogar die Freude an dem edlen Verbrecher und dem bedenkenlosen Kampf des Starken mit einer vermeintlich verrotteten Gesellschaft. Der Widerstreit zwischen Stand und Liebe wird oft behandelt, so in Wagners „Reue nach der Tat", Lenzens „Hofmeister" und Schillers „Kabale und Liebe". Wie in diesen Punkten, so tritt auch in der Auffassung der Sexualität eine tiefgreifende Änderung der sittlichen Grundanschauung in der Sturm- und Drangzeit ein. Das Naturrecht der Liebe erringt sich seinen Platz gegenüber der gesellschaftlichen Legitimation, die gar nicht mehr erstrebt wird. Diese neue natürliche Sittlichkeit, die der konventionellen als die höhere gegenübergestellt wird, ist das Grundthema der Liebestragödie im „Faust" und im „Egmont" von Goethe, der die klassischen Frauengestalten Gretchen und Klärchen schuf. Auch die Gestalt der Kindesmörderin wird häufig dargestellt, dramatisch von Wagner und in Goethes „Faust", lyrisch von Schiller und in der Bürgerschen Ballade von der Pfarrerstochter zu Taubenhain.
(**C. Gebauer**, a. a. O., S. 87 f.)

II. C. 3. Die literarische Strömung des „Sturm und Drang"

Etwa im Jahre 1770 begann nun aber das deutsche Bürgertum angriffsweise gegen den Adel vorzugehen. Zunächst trat die literarische Schule des Sturmes und Dranges in offene Gegnerschaft gegen ihn und die verrotteten Vorurteile der vornehmen

Rokokogesellschaft. Offene Empörung klingt etwa aus dem Rufe Bürgers in „Lenardo und Blandine": „Pfui, Edelgesindel!", ebenso aus Schubarts Gedicht „Der Bauer an seinen Edelmann". Denn auch für die gedrückte Lage der ländlichen Bevölkerung, die unter dem Joche der adligen Grundbesitzer seufzte, regte sich im Bürgerstande das Gefühl. Lenzens „Hofmeister", Klingers „Reue nach der Tat", Wagners „Kindermörderin" und andere Dramen behandeln neben Schillers „Kabale und Liebe" die Gegensätze der Stände im Geiste der Umwälzung. Ein „infamer Adel" gehörte, wie Goethe sich in einem Briefe an Reichardt vom 28. Februar 1790 ausdrückte, seitdem zu den Bestandteilen der deutschen Romane und Bühnendichtungen. In den „Grönländischen Prozessen" (1783) sagt Jean Paul, das Bild der Vorfahren spiegele sich beim alten Adel in den Nachkommen nur noch so wie das Bild der Sonne in der Pfütze. Auch die Journalistik und Publizistik der siebziger und achtziger Jahre wimmelt von Anklagen gegen den Adel. Daneben freilich fehlte es auch nicht an bürgerlichen Schriftstellern, welche die fanatischen Ausfälle gegen die Priviligierten einschränken wollten, wie es Brandes um 1787 in der Berliner Monatsschrift tat: „Laßt also dem Adel seine Vorrechte, aber kontrolliert ihn, daß er nicht weiter greife, nicht in Rücksicht seiner Geburt sich alles erlaubt halte — und, ihr Bürgerlichen, vergeßt nicht, daß, wenn sie Edle sind, ihr Freie seid!" Und Schubart erblickte in dem Adel, der Stacheln nicht nur nach unten, sondern auch nach oben kehre, die einzige starke Wehr gegen die Willkür. (**C. Gebauer**, a. a. O., S. 238 f.)

Die Dramen des Sturm und Drang sind realistisch in einem ähnlichen Sinn wie der Roman der Epoche. In vielen Werken erscheint die kleinbürgerliche Lebenssphäre: die engen Stuben, in denen der polternde Hausvater herrscht, in denen die moralische Ordnung mit Hilfe von strengen Sanktionen aufrechterhalten

wird. Diese in sich geschlossene Welt wird meist durch eine Rebellion der Jugend, die sich gegen das von der Familie als verlängerten Arm der kirchlichen Obrigkeit bestimmte Leben auflehnt, gestört und verwirrt. Häufig kommt es zur Katastrophe durch das Unverständnis der älteren Generation, durch die einengende Macht der in ihnen manifestierten Normen. Das Motiv der Liebe eines Mädchens über seine Standesgrenzen hinaus (Die Soldaten, Der Hofmeister, Die Kindermörderin, Kabale und Liebe), das Problem der unehelichen Mutter (Faust, die Kindermörderin) lassen den Sturm und Drang hier als Revolte der jungen Generation gegen die Väter erscheinen.
(**U. Karthaus (Hg.)**, Sturm und Drang und Empfindsamkeit, Einleitung, S. 24 f. (Die deutsche Literatur, Bd. 6))

Mit der Forderung nach einer eigenen, nationalen Überlieferungen folgenden Dramatik ergab sich zwangsläufig auch der Rückgriff auf nationale Dramenstoffe. Goethes Götz dürfte das bekannteste Beispiel sein. Auch Faust spielt in einem historisch ungenau fixierten deutschen Mittelalter. Maler Müller folgte mit dem 1775-81 entstandenen Legendendrama Genoveva. Klopstock griff mit seinen Hermanns-Dramen in noch weitere, germanische Vorzeit zurück. Die Wendung zur eigenen nationalen Vergangenheit wurde geradezu zur Mode; der Mannheimer Intendant Wolfgang Heribert von Dalberg ließ Schillers Räuber für die Uraufführung zu einem mittelalterlichen Ritterstück umarbeiten.
Die Entwicklung eines deutschsprachigen bürgerlichen Theaters über die von Gottsched inspirierten Formen der Aufklärungsdramatik ist noch unter einem anderen Aspekt zu sehen. Die Bühne artikulierte nicht nur die Probleme des Bürgertums, sie war nicht nur Manifestion der nationalen Indentität, sondern sie bot dem in die Enge der bürgerlichen Gesellschaft eingeschlos-

senen Menschen die Möglichkeit, aus der Misere der eigenen Existenz zu entfliehen. Eckehard Catholy hat auf diese Funktion der Theaterleidenschaft für den Werdegang Anton Reisers aufmerksam gemacht. Das Theater wird ihm Ersatz für gelebtes Leben angesichts einer Wirklichkeit, die Ihm die reale Erfüllung seiner Existenz auf nahezu allen Gebieten versagt. Anton Reiser strebt als Gymnasiast in Hannover zum Theater, nachdem er sich zuvor als Hutmacherlehrling in Braunschweig mit einem wirkungsmächtigen Kanzelredner identifiziert ha. Insofern ließe sich seine Theatromanie auch als Säkularisationsphänomen auffassen. Schillers Schrift „Die Schaubühne als eine moralische Anstalt betrachtet" (1785) definiert die gesellschaftliche Funktion des Theaters in ähnlichem Sinn wie die der Religion. Das subjektiv empfundene „Verlangen, sich in einem leidenschaftlichen Zustande zu fühlen", auf das Schiller im Anschluß an Sulzer die Entstehung der Bühne zurückführt, zieht das Publikum an; Schiller selbst will die „Anschauung und lebendige Gegenwart" des Theaters nutzen, um sittlich zu wirken, „tiefer und dauernder als Moral und Gesetze".
Doch mit diesem Programm ist die Position des Sturm und Drang fast schon verlassen; datiert man das Ende der Epoche mit Schillers „Kabale und Liebe" auf 1784 oder mit dem Beginn von Goethes Italienreise auf den Herbst 1786, oder schon mit seiner Erhebung in den Adelsstand auf 1782: in jedem Falle hört der Sturm und Drang auf, sobald seine führenden Repräsentanten in bürgerlichen oder höfischen Ämtern die Intention auch ihrer künstlerischen Tätigkeit auf moralische und pädagogische Wirkung konzentrieren oder gar verstummen wie Lenz, Schubart, Hölty, Leisewitz und andere.
(**U. Karthaus**, a. a. O., S. 26 f.)

II. C. 4. Dramen der Zeit — das literarische Umfeld der „Kabale und Liebe" Theaterstücke anderer Autoren

Lessing, „Miss Sara Sampson"

Eine neue Bahn betrat Lessing erst mit der „Miss Sara Sampson," indem er das bürgerliche Trauerspiel von dem englischen auf deutschen Boden verpflanzte und so völlig mit dem französischen Geschmack brach. Der berühmte englische Familienroman Richardsons: „Clarissa" und das Drama von George Grillo: „Der Kaufmann von London" gaben ihm dazu die Anregung, die er in ganz selbständiger Weise ausführte, wenn er auch Namen und Sitten dazu aus England entlehnte und das Stück auf englischem Boden spielen ließ. Statt der bisher üblichen steifen Alexandriner schrieb er es in Prosa. — Die Heldin des Stückes, die Tochter eines Baronets, Sir William Sampson, wird in ihrer Unerfahrenheit von einem jungen reichen Wüstling, Mellefont, unter dem Versprechen der kirchlichen Ehe aus dem Hause ihrer Eltern entführt. Aber obgleich er sie wirklich liebt, verzögert er die Heirat, weil er vor dem äußeren Zwang einer solchen sich scheut und außerdem sich durch ein früheres Verhältnis zu einer jungen koketten Witwe, Mrs. Marwood, gebunden hält. Dennoch vermag er sich von seiner neuen Geliebten nicht zu trennen, auch als die tückische Marwood ihn verfolgt und in ihre Schlingen zurückzuführen versucht. Aus Rache vergiftet diese nun die unglückliche Sara, die mit dem Worte der Fürsprache und Vergebung für ihre Mörderin stirbt — „ich sterbe und vergebe es der Hand, durch die mich Gott heimsucht." Mellefont, der in Verzweiflung Hand an sich legt, endet mit dem Ausruf: „Was für fremde Empfindungen ergreifen mich! Gnade, o Schöpfer, Gnade!" — So sehr auch dieses Stück in den Rührton, der die Zeit beherrschte, noch einstimmte und so reich es an langathmigen moralischen Reflexionen war, – Lessing hatte damit doch einen kühnen glücklichen Griff in das volle Menschenleben getan und trefflich gezeichnete wahre Charaktere vorgeführt statt der bisher üblichen „abstrakten Schemen von Tugend und Laster".

(**R. Koenig**, Deutsche Literaturgeschichte, 1879, S. 382 f.)

Lessing: „Emilia Galotti" (1772)

Emilia, die Tochter Odoardo Galottis, eines streng sittlichen, durch und durch ehrenhaften Edelmannes, die Verlobte des Grafen Appiani, stürzt am Hochzeitsmorgen außer sich in das Haus ihrer Eltern mit der Schreckenskunde, daß der regierende Fürst, Prinz von Guastalla, ihr in der Kirche seine Liebe erklärt habe. Auf den Rat ihrer Mutter verschweigt sie das Geschehene ihrem Vater ebenso wohl wie ihrem Bräutigam. Nur ein Verbrechen kann den Prinzen zur Erreichung seine Wünsche führen, aber er scheut davor in seiner Leidenschaft nicht zurück, zumal sein böser Geist, der raffinierte Kammerherr Marinelli, ihm dazu die Wege auf das bequemste ebnet. Zunächst versucht man den Bräutigam zu beseitigen, indem man ihn zum Gesandten an einen weitentfernten Hofe ernennt, aber Graf Appiani geht nicht in die ihm gestellte Falle, und lehnt den Antrag ab; so bleibt nur der Mord übrig, um ihn aus dem Wege zu räumen. Der Wagen, in welchem das Brautpaar zur Vermählung fährt, wird von geworbenen Banditen überfallen, Appiani erschossen und Emilia von dazu bestellten fürstlichen Dienern, die scheinbar als Retter auftreten, nach dem Lustschloß des Prinzen gebracht. Dieser empfängt sie mit der Miene des Entrüsteten und Überraschten, versichert sie seiner Teilnahme und stellt die strengste Untersuchung in Aussicht. Als aber Emiliens Eltern herbeikommen, um ihre Tochter hinwegzuführen, werden ihnen Schwierigkeiten in den Weg gelegt — auf

Marinellis Rat erklärt der Fürst, Mutter und Töchter müßten der unparteiischen Untersuchung willen getrennt bleiben. Inzwischen ist die abgedankte Geliebte des Prinzen, Gräfin Orsina, eingetroffen und hat aus Eifersucht den alten Vater Emiliens von dem wahren Tatbestand unterrichtet, ja ihm einen Dolch gegeben. Odoardo erlangt von dem Prinzen eine Unterredung mit seiner Tochter, in welcher er ihr den Plan, sie von den Eltern zu trennen, mitteilt. Emilia, die des Eindruckes, den der Prinz auf sie gemacht, sich wohl bewußt ist, zittert vor sich selbst; der Tod allein scheint sie aus der Gefahr retten zu können — da durchbohrt sie der Vater, um sie vor der Schmach zu retten! — Dieser Schluß ist von jeher vielen ein Gegenstand des Anstoßes gewesen, und als herb, ja verletzend bezeichnet worden — die Katastrophe ist jedenfalls gewaltsam herbeigeführt, und der zuletzt auf Emiliens Charakter fallende Schatten schwächt die Teilnahme an ihr. Abgesehen davon ist die Durchführung jedes einzelnen Charakters von einer unübertrefflichen Meisterschaft, und der knappe Dialog, der ganze wohlgefugte Bau des Dramas, das rasche Fortschreiten der Handlung sichern dem Stück für immer dieselbe Anziehungskraft, die es auf die ersten Zuschauer übte.
(**R. Koenig**, a. a. O. S. 385 f.)

Im Jahr **1780** erschienen zwei Dramen, die sich auf dem neuentdeckten Gebiet bewegten.
Der Autor des einen war **Otto Heinrich Freiherr von Gemmingen** (1755-1836), der als kurpfälzischer Kämmerer in Mannheim mit Dalberg befreundet war und sich sehr für das Theater interessierte.
Gemmingens „Hausvater" (1780) ist wie sein literarisches Vorbild, Diderots (1713-84) „Père de famille", eine Laienpredigt. Während der Abwesenheit des verwitweten Grafen Wodmar verführt sein ältester Sohn Karl das Bürgermädchen Lotte; der

andere, Ferdinand, macht Spielschulden, und Sophie, die verheiratete Tochter, ist ihres leichtfertigen gräflichen Gatten überdrüssig. Heimgekehrt muß Wodmar die gestörte Ordnung wieder herstellen. Mit Hilfe des Kindes bringt er das auseinanderstrebende Ehepaar „mühelos" wieder zusammen und die Söhne auf den rechten Weg. Karl gibt die beabsichtigte standesgemäße Ehe mit einer Gräfin auf und heiratet das Bürgermädchen, dem er sein Wort gegeben hat. Alles kommt ins richtige Gleis durch Wodmars moralische Kollegs, die über den Familienkreis hinaus an die Menschheit gerichtet sind. — Hier sind die Elemente der Sturm- und Drangzeit (Standesunterschied, lasterhafter Adel etc.) im Grunde nur noch theatralische Ausstattung.

Auch **Gustav Friedrich Wilhelm Großmann** (1746-96), Schauspieler und Theaterpraktiker, lehnt sich in seinem Stück **„Nicht mehr als sechs Schüsseln"** an Diderot an. Hier ist der Konflikt in die Ehe eines bürgerlichen Hofrats mit einer adeligen Dame verlegt, für deren Verwandte der Hausherr nicht mehr als sechs Schüsseln zum Essen auftragen lassen will. Natürlich siegt die bürgerliche Einfachheit über vornehme Windbeutelei, der bürgerliche Eindringling setzt sich durch, und die edelgeborene Dame will zum Schluß bekehrt nur „eines deutschen Mannes Weib sein, auf Du und Du". In seinen Schauspielen stellt er den idealen Bürger vor und kämpft gegen Beamtenbestechlichkeit, Günstlings- und Maitressenwirtschaft. Mit rohen Bearbeitungen trat er als Theaterleiter in Bonn, Frankfurt und Hannover für Shakespeare ein und übersetzte aus dem Französischen.

Bald bemächtigten sich überhaupt die Theaterpraktiker der bürgerlichen Spielart des Dramas. In immer neuen Abwandlungen wird der belehrende Zweck mehr oder weniger unverhüllt herausgestellt, die spießbürgerlichen Leiden und Freuden des Alltags vorgeführt. An Stelle des leidenschaftlichen Klassenkampfes wird mit Genugtuung auf die übrigens fragwürdige Förderung von

Manufakturen und Fabriken durch den Staat hingewiesen und die Hoffnung auf eine fortschreitende wirtschaftliche Entwicklung zugunsten des Bürgertums genährt. Hierher gehört u. a. das „Bürgerglück" (1792) von J. M. v. Babo.
Daß der junge Schiller in diese Entwicklung noch einmal leidenschaftlich eingriff und wirkliche Schäden aufdeckte, empfand man als überlebt. So konnte Schröder 1784 an Dalberg schreiben: „... ich hasse auch diese regellosen Trauerspiele, die Kunst und Geschmack zu Grunde richten. Ich hasse Schiller, daß er wieder eine Bahn eröffnet, die der Wind schon verweht hatte."
(**R. Newald**, von Kopstock bis zu Goethes Tod, Teil 1: Ende der Aufklärung und Vorbereitung der Klassik, 1967, S. 391 f.)

Auch für **August Wilhelm Iffland** war das Theater die Schule der praktischen Weisheit, der Wegweiser im bürgerlichen Leben. Nach dem Nützlichkeitsprinzip der Aufklärung sah er das Theater als wahre Schule der Sitten an, wie der junge Schiller in seiner Schaubühne sagt: „Die Gerichtsbarkeit der Bühne fängt an, wo das Gebiet der weltlichen Gesetze sich endigt." Für uns ist es unverständlich, warum die Zeitgenossen Ifflands Werke Schillers gleichzeitiger Luise Millerin vorzogen. Iffland selbst, der diesem Stück den Titel Kabale und Liebe gegeben hatte, zehrte von ihm in: **„Die Kokarden"** (1791). Da ist die Hauptfigur ein hoher, dem Fürsten nahestehender Beamter, daneben ein abgefeimter Schurke als Sekretär. Der schwärmerisch-tugendhafte Sohn verzichtet auf die Vorrechte des Adels und findet ein idyllisches Glück an der Seite eines einfachen Mädchens.
(**R. Newald**, a. a. O. S. 392 f.)

II. D. Änderung der Gesellschaft durch Literatur und Drama?

II. D. 1. Die allgemeine kritische Tradition und Zeitströmung

Als vornehmstes Objekt der wissenschaftlichen Untersuchung galt der Aufklärung schließlich der Mensch, und seiner Erziehung zum Sittlichen war ihr Eifer fast allein gewidmet. Kein Zeitalter hat so fest an die Allmacht der Erziehung geglaubt wie das der Aufklärung. Noch Kant meinte: „Der Mensch ist nichts, als was die Erziehung aus ihm macht", und in den „Pädagogischen Unterhaltungen" von 1778 heißt es: „Gott wird sich durch eine Erziehungsreform der ausgearteten Menschen annehmen." Daß auch angeborene Eigenschaften oft eine verhängnisvolle Rolle spielen, wollte man nicht zugestehen. Die Tugend galt als als lehrbar, die redliche Erziehungsabsicht immer als erfolgreich. In dem „Katechismus der Sittenlehre für das Landvolk" von J. H. Schlosser (1772 anonym erschienen) stehen die uns in Erstaunen setzenden Worte: „Wenn der Endzweck der Tugend die höchste Glückseligkeit ist, und wenn der Mensch von Natur gezwungen ist, nach seiner höchsten Glückseligkeit zu verlangen, ist er gezwungen, tugendhaft zu sein. Mit diesem Satz steht und fällt die ganze Sittenlehre." Und weiter: „Die ganze Besserung des menschlichen Geschlechts liegt an der Besserung des Verstandes."

(**C. Gebauer,** a. a. O., S. 110 f.)

Das Theater galt im 18. Jahrhundert vornehmlich als Stätte sittlicher Volkserziehung. Noch Schiller hat bekanntlich eine Abhandlung über die „Schaubühne als eine moralische Anstalt" geschrieben (1784). In der ersten Jahrhunderthälfte tritt uns auch auf diesem Boden Gellert als Morallehrer entgegen, und zwar im lehrhaften und rührenden Lustspiel, das von englischen Komödien und Romanen abhängig war. Richardsons „Pamela" galt stofflich als Vorbild dieser Gattung. Dieser Roman behandelt das Geschick eines jungen Bürgermädchens, das vor den Nachstellungen adliger Herren seine Tugend bewahrt und in einer glücklichen Ehe seinen Lohn erhält. Auch französische Muster, diese wiederum von England beeinflußt, die Lustspiele von Destouches und die Comédie larmoyante des Nivelle de la Chaussée, wirkten anregend mit. Gellert wollte in seinen Lustspielen gute Charaktere, Vorbilder der Tugend, als Ermahnung zum Guten vorführen. Die heute recht harmlos erscheinenden Stücke, „Die Betschwester" (1745), „Das Los in der Lotterie" (1746), und „Die zärtlichen Schwestern" (1747), spielen im engen Kreise des Familienlebens, sind eigentlich gewöhnliche Heiratsgeschichten, die tugendhaften Personen dienen als Sprachrohr für die moralischen Theorien Gellerts und sind sehr blaß gezeichnet. Die Stücke sind arm an Handlung, die hinter dem Interesse an der **Sittenlehre** völlig zurücktritt. Aber sie entsprachen durchaus dem Geschmack eines für Belehrung sehr empfänglich gewordenen Publikums. In allen dreien gibt es am Schluß als Belohnung für die handelnden Personen und für die Zuschauer eine zärtliche Ehe. Die Gedanken, die in ihnen behandelt werden, sind Ehrfurcht vor Gott, Verehrung des Christentums, tätige Menschenliebe, Abscheu vor der Freigeisterei, Eheglück und Freundschaft. Die Güte erscheint immer mit Bildung vereint, Untugend mit Unbildung.

Da zwischen dem vollendeten Wissen und der sittlichen Vollendung ein Widerspruch unvorstellbar war, mußte die moralische Überlegenheit sich auch als höherer Stand der Bildung geltend machen. Demgegenüber verloren alle Unterschiede der Anlage, Vererbung und sozialen Bedingtheit ihre Bedeutung.
(a. a. O., S. 128-130)

Die volkserzieherische Wirkung dieser Theaterstücke ist nicht gering einzuschätzen, und ihr Wert als Zeugnis des Kulturzustandes beruht auf der Tatsache, daß ihre Beliebtheit das im Bürgertum erwachte Gefühl für Reinheit des Familienlebens, für Menschenwürde und soziale Verantwortung beweist.
(a. a. O., S. 130)

II. D. 2. Schiller: Die Schaubühne als eine moralische Anstalt betrachtet (1784),
zitiert nach Schiller, Werke, Hrsg. A. Kutscher, Bd. 12, S. 171–180.

Erschöpft von den höheren Anstrengungen des Geistes, ermattet von den einförmigen, oft niederdrückenden Geschäften des Berufs und von Sinnlichkeit gesättigt, mußte der Mensch eine Leerheit in seinem Wesen fühlen, die dem ewigen Trieb nach Tätigkeit zuwider war. Unsere Natur, gleich unfähig, länger im Zustande des Tiers fortzudauern, als die feinern Arbeiten des Verstandes fortzusetzen, verlangte einen mittleren Zustand, der beide widersprechende Enden vereinigte, die harte Spannung zu sanfter Harmonie herabstimmte und den wechselweisen Übergang eines Zustandes in den andern erleichterte. Diesen Nutzen leistet überhaupt nur der ästhetische Sinn oder das Gefühl für das Schöne ...

... Derjenige, welcher zuerst die Bemerkung machte, daß eines Staats festeste Säule Religion sei – daß ohne sie die Gesetze selbst ihre Kraft verlieren, hat vielleicht, ohne es zu wollen oder zu wissen, die Schaubühne von ihrer edelsten Seite verteidigt ...
... Gesetze, wollte er sagen, drehen sich nur um verneinende Pflichten – Religion dehnt ihre Forderungen auf wirkliches Handeln aus...

... Religion ... setzt ihre Gerichtsbarkeit bis in die verborgensten Winkel des Herzens fort und verfolgt den Gedanken bis an die innerste Quelle.

... Religion wirkt im ganzen mehr auf den sinnlichen Teil des Volks – sie wirkt vielleicht durch das Sinnliche allein so unfehlbar. Ihre Kraft ist dahin, wenn wir ihr dieses nehmen – und wodurch wirkt die Bühne? Religion ist dem größeren Teil der Menschen nichts mehr, wenn wir ihre Bilder, ihre Probleme vertilgen, wenn wir ihre Gemälde von Himmel und Hölle vernichten – und doch sind es nur Gemälde der Phantasie, Rätsel ohne Auflösung, Schreckbilder und Lockungen aus der Ferne. Welche Verstärkung für Religion und Gesetze, wenn sie mit der Schaubühne in Bund treten, wo Anschauung und lebendige Gegenwart ist, wo Laster und Tugend, Glückseligkeit und Elend, Torheit und Weisheit in tausend Gemälden faßlich und wahr an dem Menschen vorübergehen, wo die Vorsehung ihre Rätsel auflöst, ihren Knoten vor seinen Augen entwickelt, wo das menschliche Herz auf den Foltern der Leidenschaft seine leisesten Regungen beichtet, alle Larven fallen, alle Schminke verfliegt, und die Wahrheit unbestechlich wie Rhadamanthus Gericht hält ...

... Die Gerichtsbarkeit der Bühne fängt an, wo das Gebiet der weltlichen Gesetze sich endigt. Wenn die Gerechtigkeit für Gold verblindet und im Solde der Laster schwelgt, wenn die Frevel der Mächtigen ihrer Ohnmacht spotten und Menschenfurcht den Arm der Obrigkeit bindet, übernimmt die Schaubühne Schwert und Waage und reißt die Laster vor einen schrecklichen Richterstuhl ...

... So gewiß sichtbare Darstellung mächtiger wirkt als toter Buchstabe und kalte Erzählung, so gewiß wirkt die Schaubühne tiefer und dauernder als Moral und Gesetze ...

... Hier begleitet sie [die Schaubühne] die Weisheit und die Religion. Aus dieser reinen Quelle schöpft sie ihre Lehren und Muster und kleidet die strenge Pflicht in ein reizendes lockendes Gewand ...

... Ich kenne nur ein Geheimnis, den Menschen vor Verschlimmerung zu bewahren, und dieses ist – sein Herz gegen Schwächen zu schützen.
Einen großen Teil dieser Wirkung können wir von der Schaubühne erwarten. Sie ist es, die der großen Klasse von Toren den Spiegel vorhält und die tausendfachen Formen derselben mit heilsamem Spott beschämt ...

... Die Schaubühne allein kann unsere Schwächen belachen, weil sie unsere Empfindlichkeit schon und den schuldigen Toren nicht wissen will – Ohne rot zu werden, sehen wir unsre Larve aus ihrem Spiegel fallen und danken insgeheim für die sanfte Ermahnung ...

... Die Schaubühne ist mehr als jede andere öffentliche Anstalt des Staats eine Schule der praktischen Weisheit, ein Wegweiser durch das bürgerliche Leben, ein unfehlbarer Schlüssel zu den geheimsten Zugängen der menschlichen Seele.

... Wenn sie die Summe der Laster weder tilgt noch vermindert, hat sie uns nicht mit denselben bekannt gemacht? – Mit diesen Lasterhaften, diesen Toren müssen wir leben. Wir müssen ihnen ausweichen oder begegnen; wir müssen sie untergraben oder ihnen unterliegen. Jetzt aber überraschen sie uns nicht mehr. Wir sind auf ihre Anschläge vorbereitet. Die Schaubühne hat uns das Geheimnis verraten, sie ausfindig und unschädlich zu machen ...

... Nicht bloß auf Menschen und Menschencharakter, auch auf Schicksale macht uns die Schaubühne aufmerksam und lehrt uns die große Kunst, sie zu ertragen ...

... Die Schaubühne führt uns eine mannigfaltige Szene menschlicher Leiden vor. Sie zieht uns künstlich in fremde Bedrängnisse und belohnt uns das augenblickliche Leiden mit wollüstigen Tränen und einem herrlichen Zuwachs an Mut un Erfahrung.

... Aber nicht genug, daß uns die Bühne mit Schicksalen der Menschheit bekannt macht, sie lehrt uns auch gerechter gegen den Unglücklichen sein und nachsichtsvoller über ihn richten. Dann nur, wenn wir die Tiefe seiner Bedrängnisse ausmessen, dürfen wir das Urteil über ihn aussprechen ...
Selbstmord wird allgemein als Frevel verabscheut; wenn aber, bestürmt von den Drohungen eines wütenden Vaters, bestürmt von Liebe, von der Vorstellung schrecklicher Klostermauern, Mariane das Gift trinkt, wer von uns will der erste sein, der über dem beweinenswürdigen Schlachtopfer einer verruchten Maxime den Stab bricht? – Menschlichkeit und Duldung fangen an, der herrschende Geist unserer Zeit zu werden; ihre Strahlen sind bis in die Gerichtssäle, und noch weiter – in das Herz unserer Fürsten gedrungen. Wieviel Anteil an diesem göttlichen Werk gehört unseren Bühnen? Sind sie es nicht, die den Menschen mit dem Menschen bekannt machten und das geheime Räderwerk aufdeckten, nach welchem er handelt?

. . . Eine merkwürdige Klasse von Menschen hat Ursache, dankbarer als alle übrigen gegen die Bühne zu sein. Hier nur hören die Großen der Welt, was sie nie oder selten hören – Wahrheit; was sie nie oder selten sehen, sehen sie hier – den Menschen.

... Die Schaubühne ist der gemeinschaftliche Kanal, in welchen von dem denkenden besseren Teil des Volks das Licht der Weisheit herunterströmt und von da aus in milderen Strahlen durch den ganzen Staat sich verbreitet. Richtigere Begriffe, geläuterte Grundsätze, reinere Gefühle fließen von hier durch alle Adern des Volks.

... Mit ebenso glücklichem Erfolge würden sich von der Schaubühne Irrtümer der *Erziehung* bekämpfen lassen; das Stück ist noch zu hoffen, wo dieses merkwürdige Thema behandelt wird. Keine Angelegenheit ist dem Staat durch ihre Folgen so wichtig, als diese, und doch ist keine so preisgegeben, keine dem Wahne, dem Leichtsinn des Bürgers so uneingeschränkt anvertraut, wie es diese ist. Nur die Schaubühne könnte die unglücklichen Schlachtopfer vernachlässigter Erziehung in rührenden, erschütternden Gemälden an ihm vorüberführen: hier könnten unsere Väter eigensinnigen Maximen entsagen, unsere Mütter vernünftiger lieben lernen.

... Nicht weniger ließen sich – verstünden es die Oberhäupter und Vormünder des Staats – von der Schaubühne aus die Meinungen der Nation über Regierung und Regenten zurechtweisen. Die gesetzgebende Macht spräche hier durch fremde Symbole zu dem Untertan, verantwortete sich gegen seine Klagen, noch ehe sie laut werden, und bestäche seine Zweifelsucht, ohne es zu scheinen. Sogar Industrie und Erfindungsgeist könnten und würden vor dem Schauplatze Feuer fangen, wenn die Dichter es der Mühe wert hielten, Patrioten zu sein, und der Staat sich herablassen wollte, sie zu hören.

. . . Unmöglich kann ich hier den großen Einfluß übergehen, den eine gute stehende Bühne auf den Geist der Nation haben würde. Nationalgeist eines Volks nenne ich die Ähnlichkeit und Übereinstimmung seiner Meinungen und Neigungen bei Gegenständen, worüber eine andere Nation anders meint und empfindet. Nur der Schaubühne ist es möglich, diese Übereinstimmung in einem hohen Grad zu bewirken, weil sie das ganze Gebiet des menschlichen Wissens durchwandert, alle Situationen des Lebens erschöpft und in alle Winkel des Herzens hinunter leuchtet; weil sie alle Stände und Klassen in sich vereinigt und den gebahntesten Weg zum Verstand und zum Herzen hat.

... Die menschliche Natur erträgt es nicht, ununterbrochen und ewig auf der Folter der Geschäfte zu liegen; die Reize der Sinne sterben mit ihrer Befriedigung. Der Mensch, überladen von tierischem Genuß, der langen Anstrengung müde, vom ewigen Triebe nach Tätigkeit gequält, dürstet nach bessern, auserlesenern Vergnügungen, oder stürzt zügellos in wilde Zerstreuungen, die seinen Hinfall beschleunigen und die Ruhe der Gesellschaft zerstören. Bacchantische Freuden, verderbliches Spiel, tausend Rasereien, die der Müßiggang ausheckt, sind unvermeidlich, wenn der Gesetzgeber diesen Hang des Volks nicht zu lenken weiß. Der Mann von Geschäften ist in Gefahr, ein Leben, das er dem Staat so großmütig hinopferte, mit dem unseligen Spleen abzubüßen – der Gelehrte, zum dumpfen Pedanten herabzusinken – der Pöbel zum Tier. Die Schaubühne ist die Stiftung, wo sich Vergnügen mit Unterricht, Ruhe mit Anstrengung, Kurzweil mit Bildung gattet, wo keine Kraft der Seele zum Nachteil der andern gespannt, kein Vergnügen auf Unkosten des Ganzen genossen wird.

... in dieser künstlichen Welt träumen wir die wirkliche hinweg, wir werden uns selbst wiedergegeben, unsere

Empfindung erwacht, heilsame Leidenschaften erschüttern unsre schlummernde Natur und treiben das Blut in frischeren Wallungen ...

... wenn Menschen aus allen Kreisen und Zonen und Ständen, abgeworfen jede Fessel der Künstelei und der Mode, herausgerissen aus jedem Drange des Schicksals, durch *eine* allwebende Sympathie verbrüdert, in *ein* Geschlecht wieder aufgelöst, ihrer selbst und der Welt vergessen und ihrem himmlischen Ursprung sich nähern. Jeder einzelne genießt die Entzükkungen aller, die verstärkt und verschönert aus hundert Augen auf ihn zurückfallen, und seine Brust gibt jetzt nur *einer* Empfindung Raum – es ist diese: ein *Mensch* zu sein.*

* Schillers Ausführungen sind hier besonders ausführlich zitiert, da eine weit verbreitete selektive Wahrnehmung sich vor allem darauf beschränkt, in diesem Aufsatz die Propagierung der Richterrolle der Bühne über die politischen Herrscher der Zeit wahrzunehmen. So bleibt auch ein Fundamentalwerk über jene Zeit, **Reinhart Koselleck,** Kritik und Krise (1959), Frankfurt/M. 1973, S. 81–86, auf mehr als einem Auge blind, wenn Schillers Ausführungen neben anderen seiner Zeit nur im Sinne von „Kunst als Antipode der bestehenden Herrschaft" (a. a. O., S. 83) vorgestellt werden.

III. Literaturverzeichnis

Das Literaturverzeichnis nennt im wesentlichen nur die im vorliegenden Band benutzten Bücher. Weitergehende Hinweise sind den zitierten Werken zu entnehmen. Eine wissenschaftlichen Ansprüchen genügende Bibliographie ist nicht angestrebt. Zu Schiller und zum zeitgeschichtlichen Horizont vergleiche auch die Angaben in **M. H. Ludwig,** Erläuterungen zu Friedrich Schiller „Die Räuber", Hollfeld 1978 (Königs Erläuterungen Bd. 28/28a).

Werkausgaben Schillers

Friedrich Schiller, Die Räuber. Ein Schauspiel (1781) Stuttgart 1975 (Reclams UB 15).

Friedrich Schiller, Kabale und Liebe. Ein bürgerliches Trauerspiel (1784), Stuttgart 1978 (Reclams UB 33).

Friedrich Schiller, Die Dramen des Sturm und Drang, Hrsg. Fricke/Göpfert, München 1978 (dtv-bibliothek 6097).

Schillers Werke, Vollständige Ausgabe in fünfzehn Teilen. Aufgrund der Hempelschen Ausgabe neu herausgegeben von *Artur Kutscher,* Berlin u. a. (Bong), o. J. (1909).

Nachträge zu Schillers sämtlichen Werken. Gesammelt und herausgegeben von *Eduard Boas,* Neue Ausgabe, zwei Bde. Stuttgart 1853.

Sekundärliteratur aus den Bereichen der Literaturwissenschaft und der Literaturkritik

Heinz Otto Burger, Die bürgerliche Sitte. Schillers ‚Kabale und Liebe' (1957), in: *ders.*: ‚Dasein neißt eine Rolle spielen'. Studien zur deutschen Literaturgeschichte, München 1963, S. 194–210.

Friedrich Burschell, Friedrich Schiller in Selbstzeugnissen und Dokumenten, Reinbek 1958 u. ö. (rowohlts monographien 14).

ders., Schiller, Reinbek 1968.

Rudolf Ibel, Friedrich Schiller ‚Kabale und Liebe'. Grundlagen und Gedanken zum Verständnis des Dramas, Frankfurt/M. u. a., 7. Auflage 1976.
Ulrich Karthaus, Sturm und Drang und Empfindsamkeit, Stuttgart 1976 (O. F. Best / H.-J. Schmitt, Hrsg., Die deutsche Literatur. Ein Abriß in Text und Darstellung, Bd. 6) (Reclams UE 9621).
Robert Koenig, Deutsche Literaturgeschichte, Bielefeld/Leipzig 1879.
Helmut Koopmann, Friedrich Schiller I: 1759 – 1794, Stuttgart 1966 (Smlg. Metzler 50).
Franz Mehring, Schiller. Ein Lebensbild für deutsche Arbeiter (1905), Berlin (Gebrüder Weiss Verlag) o. J.
Richard Newald, Von Klopstock bis Goethes Tod I: Ende der Aufklärung und Vorbereitung der Klassik, München 1957 u. ö. (Geschichte der deutschen Literatur, Hrsg. H. de Boor / R. Newald, Bd. VI, 1).
Gerhard Storz, Der Dichter Friedrich Schiller, 3. Auflage, Stuttgart 1963.
Oswald Woyte, Erläuterungen zu Schillers Jugenddrama ‚Kabale und Liebe' (Luise Millerin), 18. Auflage Hollfeld o. J.

Literatur zur Geschichte und zur Geistesgeschichte

Erich Bayer, Wörterbuch zur Geschichte, Stuttgart 1960, Kröners Taschenausgabe 289).
Karl Martin Bolte/Dieter Kappe, Struktur und Entwicklung der Bevölkerung, in: *K. M. Bolte,* Deutsche Gesellschaft im Wandel, 2. Auflage Opladen 1967, S. 67–164.
Curt Gebauer, Geistige Strömungen und Sittlichkeit im 18. Jahrhundert. Beiträge zur deutschen Moralgeschichte, Berlin 1931.
Eduard Heilfron, Deutsche Rechtsgeschichte. Staatsrecht. Kirchenrecht, 5. Auflage Berlin 190 (*Ed. Heilfron,* Das Bürger-

liche Recht, I. Teil: Geschichte des Bürgerlichen Rechts, II. Abteilung).
Fritz Hartung, Deutsche Verfassungsgeschichte. Vom 15. Jahrhundert bis zur Gegenwart, 8. Auflage Stuttgart 1950.
Paul Kampffmeyer, Geschichte der Gesellschaftsklassen in Deutschland, Berlin (Buchhandlung Vorwärts) 1910.
Reinhart Koselleck, Kritik und Krise. Eine Studie zur Pathogenese der bürgerlichen Welt (1959) Frankfurt/M. 1973 (suhrkamp Taschenbuch wissenschaft 36).
F. C. Schlossers Weltgeschichte für das deutsche Volk. Bearb. von *G. L. Kriegk,* Bd. 16, Frankfurt/M. 1854.
Theodor Schwarz, Denker der Politik. Geschichte der politischen Lehren, Zürich 1940.
Veit Valentin, Deutsche Geschichte. Eingeleitet und bis in die Gegenwart fortgeführt von *Albert Wucher* (München 1960), hier benutzt die Ausgabe der Büchergilde Gutenberg, Frankfurt/M. u. a. 1965.

Chemie

Th. Bokorny

Chemie Gerüst

Wegweiser und Ratgeber für Schüler und Abiturienten.
13. überarbeitete Auflage
128 Seiten

Bestell-Nr. 0674-2

Dieses kurze in Tabellenform abgefaßte Vademecum der Chemie soll kein Lehrbuch oder Lexikon sein, sondern die großen Linien und wissenswerten Teile der modernen Chemie übersichtlich klar und einprägsam veranschaulichen und in Erinnerung bringen.

Thomas Neubert

Chemische Formelsammlung 9.-10. Klasse

36 Seiten

Bestell.-Nr. 0685-8

Hier wurden die wesentlichen Formeln mit Ihren Anwendungsmöglichkeiten aufgezeichnet. Für den Schulunterricht und für häusliches Arbeiten ein wichtiges Hilfsmittel – echte Lernhilfe!

Deutsch

Christian Floto

Basisinterpretationen für den Literatur- und Deutschunterricht I

-Ausgewählte Stücke und Prosa von Shakespeare bis Ionesco-

96 Seiten 2. Auflage

Bestell-Nr. 0589-4
Nach einer kurzen Skizzierung der Literaturepoche werden anhand häufig gelesener Stücke Basisinterpretationen gegeben. Alle Beispiele entstanden im Unterricht der Sekundarstufen.
Folgende Stücke werden u.a. behandelt:
Shakespeare, Hamlet - Lessing, Nathan - Schiller, Wallenstein - Goethe, Iphigenie - Kleist, Marquise von O/Die Verlobung ... - Fontane, Effi Briest - Dostojewski, Der Spieler - Hauptmann, Rose Bernd -Mann, Tonio Kröger - Döblin, Berlin Alexanderplatz - Kafka, Der Prozeß - Brecht, Sezuan - Kipphardt, Oppenheimer - Frisch, Homo Faber - Frisch, Biedermann u. Br. - Ionesco, Die Stühle.

Christian Floto

Basisinterpretationen für den Literatur- und Deutschunterricht II

-Ausgewählte Stücke und Prosa "moderner" Autoren in der ersten Hälfte des 19. Jahrh.

108 Seiten

Bestell-Nr. 0593-2

Literaturgeschichtlicher Abriß, Biographische Stationen, Aufbauprinzipien von Novelle und Drama; problemorientierte Bezüge zur modernen sozialpsychologischen Lebenssituation. Folgende Stücke werden u.a. behandelt:
Büchner, Woyzeck - Grabbe, Scherz, Satire, Ironie ...: Kleist, Der zerbrochene Krug/Prinz von Homburg/ Michael Kohlhaas/Erdbeben in Chili.

Bernd Matzkowski

Basisinterpretationen für den Literatur- und Deutschunterricht III

Untersuchungen und didaktische Hinweise zum Volksbuch Till Eulenspiegel.

Hinweise auf den Schelmenroman.

80 Seiten

Bestell-Nr. 0598-3

Sachanalyse - Ausgewählte Historien - Motivquerverbindungen zu Schelmenromanen des 16. und 17. Jahrhunderts - Vorschläge für die Behandlung im Unterricht u.a.

Bernd Matzkowski/Ernst Sott

Basisinterpretationen für den Literatur- und Deutschunterricht IV

36 moderne deutsche Kurzgeschichten mit Arbeitsfragen.

112 Seiten

Bestell-Nr. 0599-1

Interpretation der Kurzgeschichten **mit Arbeitsfragen** zu
ARBEITSTEXTE FÜR DEN UNTERRICHT (Reclam)
Deutsche Kurzgeschichten 11.-13. Schuljahr
und
Pratz/Tiel:
NEUE DEUTSCHE KURZGESCHICHTEN
(Diesterweg)

Karin Cohrs/Martin H. Ludwig

Basisinterpretationen für den Literatur- und Deutschunterricht V

Romane und Novellen des 19. Jahrh.

120 Seiten

Bestell-Nr. 0631-9

Aus dem Inhalt:
Einleitung, Politik und Kultur des 19. Jahrhunderts - Interpretationen ausgewählter Romane und Novellen.

Kurzbiographie des Dichters - Entstehung des Werkes - Inhalt - Charaktere - Situationen - Erschließung des Textes (stilistische Besonderheiten, literaturhistorischer Rahmen, gesellschaftliche und politische Bezüge usw.). Arbeitsfragen.
Hoffmann, Das Fräulein von Scuderi - Kleist, Das Erdbeben in Chili - Mörike, Maler Nolten - Gotthelf, Wie Uli der Knecht glücklich wird - Storm, Immensee - Droste-Hülshoff, Die Judenbuche - Raabe, die Akten des Vogelgesangs - Fontane, Der Stechlin - Eichendorff, Aus dem Leben eines Taugenichts - Keller, Die drei gerechten Kammacher - Storm, Hans und Heinz Kirch - Raabe, Die schwarze Galeere - Fontane, Schach von Wuthenow - Hauptmann, Bahnwärter Thiel

Rüdiger Giese/Christian Floto

Basisinterpretationen für den Literatur- und Deutschunterricht VI

Romane und Novellen

aus dem 20.Jahrhundert

112 Seiten

Bestell-Nr. 0473-1

Schnitzler, Leutnant Gustl - Mann, Tod in Venedig - Kafka, Die Verwandlung - Hesse, Der Steppenwolf - Kästner, Fabian - Mann, Mephisto - Zweig, Schachnovelle - Böll, Haus ohne Hüter - Wolf, Der geteilte Himmel - Kempowski, Tadellöser und Wolff

Bausteine - Deutsch

stellt detailierte Unterrichtsstunden zur Behandlung unterschiedlichster Texte für die Sekundarstufen I und II vor.

Anordnung der Stunden als Sequenzen - Texte und Textanalysen - Didaktisch-methodische Arbeitshinweise - praktisch zu handhaben.

Angesprochen sind Lehrer und Lehramtsanwärter aller Schulformen.

Autoren sind: Praktiker - Ausbilder - Fachwissenschaftler aus allen Schulformen.

Bausteine Lyrik I

Spiel mit Sprache/Lyrischer Humor/Konkrete Poesie

Bestell-Nr. 0650-5

Bausteine Lyrik II

Balladen/Modernes Erzählgedicht/Chanson/Politische Lyrik/Thema- und Motivverwandschaft.
Bestell-Nr. 0651-3

Gerhart Hauptmann: Die Weber
Bestell-Nr. 0652-1

Max Frisch: Homo Faber
Bestell-Nr. 0653-X

Theodor Storm: Pole Poppenspäler
Bestell-Nr. 0654-8

Albert Camus: Die Pest
Bestell-Nr. 0655-6

George Orwell: 1984/Animal Farm
Bestell-Nr. 0656-4

Thomas Mann: Tonio Kröger
Bestell-Nr. 0657-2

Goethe-Plenzdorf: Werther
Bestell-Nr. 0658-0

Theodor Storm: Schimmelreiter
Bestell-Nr. 0659-9

Gotth. E. Lessing: Nathan der Weise
Bestell-Nr. 0660-2

Fr. Dürrenmatt:
Der Richter und sein Henker
Bestell-Nr. 0661-0

Joh. W. von Goethe: Faust I/II
Bestell-Nr. 0662-9

Jos. v. Eichendorff: Taugenichts
Bestell-Nr. 0663-7

Hermann Hesse: Der Steppenwolf
Bestell-Nr. 0664-5

Franz Kafka: Kurze Prosaformen
Bestell-Nr. 0665-3

Joh. Wolfg. von Goethe:
Iphigenie auf Tauris
Bestell-Nr. 0666-1

Bert Brecht: Leben des Galilei
Bestell-Nr. 0667-X

Annette von Droste-Hülshoff:
Die Judenbuche
Bestell.-Nr. 0668-8

Dichtung in Theorie und Praxis

Texte für den Unterricht

Mit dieser Serie von Einzelheften legt der BANGE-VERLAG Längs- und Querschnitte durch Dichtungs-(Literatur) Gattungen für die Sekundarstufen vor.
Jeder Band ist - wie der Reihentitel bereits aussagt - in die Teile Theorie und Praxis gegliedert; darüber hinaus werden jeweils zahlreiche Texte geboten, die den Gliederungsstellen zugeordnet sind. Ein Teil Arbeitsanweisungen schließt sich an, der entweder Leitfragen für die einzelnen Abschnitte oder übergeordnete oder beides bringt.
Wir hoffen bei der Auswahl der Texte eine „ausgewogene Linie" eingehalten und die Bände für die Benutzer wirklich brauchbar gestaltet zu haben.

Bestell-Nr.

450 Die Lyrik
451 Die Ballade
452 Das Drama
453 Kriminalliteratur
454 Die Novelle
455 Der Roman
456 Kurzprosa
(Kurzgeschichte, Kalendergeschichte/Skizze/Anekdote)
457 Die Fabel
458 Der Gebrauchstext
459 Das Hörspiel
460 Trivialliteratur
461 Die Parabel
462 Die politische Rede
463 Deutsche Lustspiele und Komödien

Weitere Bände in Vorbereitung

Egon Ecker

Wie interpretiere ich Novellen und Romane?

Methoden und Beispiele

180 Seiten - 2. Auflage

Bestell-Nr. 0686-6

Notizen zur Betrachtung eines dichterischen Textes - zur Technik der Interpretation.

Beispiele:
Keller, Drei gerechte Kammacher

Novellen:
Büchner, Lenz - Storm, Schimmelreiter - Andres, Die Vermummten

Romane:
Mann, Königl. Hoheit - Frisch, Homo Faber - Andres, Knabe im Brunnen - Andersch, Sansibar.
Zur Theorie der Novelle - Zur Theorie des Romans - Gliederungsvorschläge - Themenvorschläge - Literaturverzeichnis

Egon Ecker

Rechtschreibung und Diktate

3./4. Jahrgangsstufe

2. Auflage, 112 Seiten

Bestell-Nr. 0579-7

Als Band für die Vorbereitung des Übertritts in andere Schularten gibt der Autor ein Hilfsmittel zur richtigen Schreibweise und Anwendung der deutschen Sprache.

Inhalt: Groß- und Kleinschreibung - Gleich und ähnlichklingende Laute - Dehnung - Schärfung - Silbentrennung - Sprachlehre - Satzmodelle - Diktatstoffe - Lösungen u.v.a.

Epochen deutscher Literatur

Kurzgefaßte Abhandlung für den Deutschunterricht an weiterführenden Schulen.

Bestell.-Nr. 0480
Die deutsche Romantik I
Frühromantik

Bestell.-Nr. 0481
Realismus des 19. u. 20. Jahrhunderts

Bestell.-Nr. 0482
Impressionismus und Expressionismus

Bestell.-Nr. 0483
Sturm und Drang

Bestell.-Nr. 0484
Die deutsche Romantik II
Spätromantik

Bestell.-Nr. 0485
Die Deutsche Klassik

Bestell.-Nr. 0486
Von der Aufklärung zum Sturm und Drang
Literaturgeschichtliche Querschnitte

Bestell.-Nr. 0487
Deutsche Dichtung des Barock

Gerd Eversberg

Wie verfasse ich ein Referat?

Hinweise für die Informationsbeschaffung und -verarbeitung für den Literaturunterricht.

116 Seiten

Bestell.-Nr. 0582-7

Dieser Band soll den Schülern transparentes Arbeiten lehren. Das Themenbeispiel orientiert sich an der Schulpraxis und wurde auch erfolgreich erprobt.

Inhalt: Bibliographieren – Zitieren Materialsammlungen – Bibliotheksbenutzung – Entleihen – Fernleihverkehr – Verlagskataloge und Buchhandlung – Manuskriptgestaltung – Referieren – Diskutieren.

Textanalyse 1
Umgang mit fiktionalen (literarischen) Texten

152 Seiten

Bestell-Nr. 0641-6

Aus dem Inhalt:
I. Der Begriff des fiktionalen Textes: Das "Ästhetische" der Literatur - Betrachtungsweisen von Literatur - Literarische Wertung.

II. Probleme der Interpretation: Der Prozeß des "Verstehens" - Methoden der Literaturinterpretation - Arbeitstechniken (Textwiedergabe / Texterarbeitung / Texterörterung).

III. Beispiele für Interpretationen: Epische Texte - Dramatische Texte - Gedichte.
IV. Massenliteratur.

Textanalyse 2
Umgang mit nichtfiktionalen (Gebrauchs-)Texten

144 Seiten

Bestell-Nr. 0642-4

Aus dem Inhalt:
I. Der Textbegriff.
II. Eine Typologie von Gebrauchstexten.
III. Bedingungen der Textanalyse.
IV. Methoden der Textanalyse: Textwiedergabe - Text beschreibung - Texterörterung.
V. Beispiele für Textanalysen: Darstellende Texte (Sachtexte/Wissenschaftliche Texte) - Werbende Texte (Werbetexte/Politische Reden) - Gesetzestexte.

Gebrauchstextanalysen

-Methoden und Beispiele-

2. Auflage, 80 Seiten

Bestell-Nr. 0588-6

Herausgegeben von einem Arbeitskreis der Pädagogischen Akademie Zams.

Aus dem Inhalt:
I. Warum Textuntersuchung? Begriffserklärungen
II. Textanalyse - Textkritik
Vorgestellt werden nur drei Möglichkeiten einer Analyse:
a) Kommunikationstheoretischer Aspekt
b) stilistischer Aspekt
c) soziologischer Aspekt
III. Gebrauchstexte verschiedener Art, die auf o.a. Aspekte hin untersucht, bzw. kritisiert wurden.

Ordnung der Texte nach Themenkreisen:
Werbetexte - Ferienprospekte - Kinoprogramme - Diverse Jugendzeitschriften (Bravo u.a.) - Illustrierte und Frauenzeitschriften (Frau im Spiegel u.a.) - Schullesebücher: Politische Beiträge/Kulturelle Beiträge - Literarische Texte.

Robert Hippe

Interpretationen zu 50 modernen Gedichten

mit vollständigen Gedichtstexten
4. Auflage, 136 Seiten

Bestell-Nr. 0597-5

Der vorliegende Band verspricht Interpretationshilfe und Deutungsversuche - in unterschiedlicher Dichte und Ausführlichkeit - für 50 moderne Gedichte. Materialien und Auswahlbibliographie geben den Interessenten Hilfen für den Deutsch- und Literaturunterricht. Für den Lehrer eine echte Bereicherung zur Vorbereitung des Unterrichts.

Aus dem Inhalt: Lasker-Schüler - Hesse - Carossa - Benn - Britting - Brecht - Eich - Kaschnitz - Huchel - Kästner - Bachmann - Piontek - Celan - Härtling - Reinig - Grass - Enzensberger u.v.a.

Robert Hippe

Kurzgefaßte deutsche Rechtschreiblehre

64 Seiten

Bestell-Nr. 0519-3

Anleitungen - Ausarbeitungen - Gliederungen - Themenvorschläge u.v.a.
jeweils mit Lösungsschlüssel

A. Unterstufe
Erlebnisschilderung oder -erzählung
Vorgangsschilderung oder -erzählung
Die Nacherzählung, die Erklärung oder Arbeitsanweisung, Vorgangsbericht oder Beschreibung, Inhaltsangabe

B. Mittelstufe
Die Schilderung, Stimmungsbild, Charakteristik, Bericht und Inhaltsangabe, sachliches Schreiben, Facharbeit, Erörterung u.a.

Interpretationen motivgleicher Gedichte in Themengruppen

mit vollständigen Gedichtstexten

Band 1:
Edgar Neis

Der Mond in der deutschen Lyrik

80 Seiten

Bestell-Nr. 0620-3

Arp - Bischoff - Borchert - Boretto - Britting - Brokkes - Bürger - Claudius - Däubler - Droste-Hülshoff - Geibel - Gleim - Goethe - Härtling - Heine - Holz - Klopstock - Krähenbühl - Krolow - Lange - Lehmann - Leonhard - Lichtenstein - zur Linde - Maurer - Morgenstern - Rasche - Rühmkorf - v. Stollberg - Trakl - v.d. Vring - Werfel - Wiens.

Band 2:
Edgar Neis

Politische-soziale Zeitgedichte

2. Auflage, 112 Seiten

Bestell-Nr. 0621-1
Bachmann - Biermann - Brecht - Bürger - Celan - Dehmel - Domin - Enzensberger - Le Fort - Freiligrath - Gryphius - Hädecke - Hagelstange - Heine - Herwegh - Keller - Kerr - Logau - Marti - Platen - Sabias - Salis - Schenkendorf - Schiller - Schreiber - Schubart - Tucholsky - W.v.d. Vogelweide - Weitbrecht - Wildenbruch.

Band 3:
Edgar Neis

Der Krieg im deutschen Gedicht

2. Auflage, 112 Seiten

Bestell-Nr. 0622-X

Bender - Benn - Biermann - Binding - Brambach - Brecht - Claudius - Dehmel - Eich - Flex - Le Fort - Fried - Gleim - Goethe - Hakel - Heise - Heym - Hölderlin - Höllerer - Huchel - Jahn - Jean Paul - Kaschnitz - Kästner - Körner - Leib - Lersch - Leonhard - Liliencron - Logau - Menzel - Mosen- Mühsam - Münchhausen - Neumann - Nick - W. Paul - Sachs - Schiller - Schnurre - Schuhmann - Stramm - Toller - Toussel - Trakl - Tumler - Vogel - Wiechert.

Band 4:
Robert Hippe

Die Liebe im deutschen Gedicht

2. Auflage, 80 Seiten

Bestell-Nr. 0623-8

Benn - Brecht - Eichendorff - George - Gleim - Goethe - Günther - Hesse - Hofmannsthal - Jacobi - Kästner - Krolow - Lasker-Schüler - Lenau - Liliencron - C.F. Meyer - H.v. Mohrungen - Mörike - Münchhausen - Opitz - Reinig - Rilke - Storm - Stramm - W.v.d. Vogelweide - Weckherlin.

Band 5:
Robert Hippe

Der Tod im deutschen Gedicht

2. Auflage, 80 Seiten

Bestell-Nr. 0624-6

Bächler - Benn - Brecht - Celan - Claudius - Droste-Hülshoff - Eich - Goethe - Gryphius - Hesse - Heym - Hofmannsthal - Hofmannswaldau - Höllerer - Kaltneker - Keller - Klopstock - C.F. Meyer - Mörike - Nick - Nietzsche - Novalis - Rilke - Schiller - Storm - Stramm - Trakl - Uhland.

Band 6:
Robert Hippe

Die Jahreszeiten im deutschen Gedicht

2. Auflage, 80 Seiten

Bestell-Nr. 0625-4

Benn - Britting - Claudius - George - Gerhardt - Goes - Goethe - Hagedorn - Heine - Hebbel - Hesse - Hofmannsthal - Hölderlin - Hölty - Huchel - Lenau - Logau - C.F. Meyer - Mörike - Rilke - Stadler - Storm - Trakl - Uhland - W.v.d. Vogelweide.

Band 7:
Robert Hippe

Deutsche politische Gedichte

2. Auflage 68 Seiten

Bestell-Nr. 0626-2

Baumann - Biermann - Becher - Below - Brecht - Delius - Enzensberger - Fried - Fürnberg - Gomringer - Grass - Heine - Hoffmann v. Fallersleben - Holzapfel - Karsunke - Kunert - Luckhardt - Morawietz - Pottier - Radin - v. Saar - Scherchen - Schneckenburger - U. Schmidt - Schuhmann- Vesper - Walraff - Weinheber - Wessel - Zimmerling.

Band 8:

Edgar Neis

Die Welt der Arbeit im deutschen Gedicht

100 Seiten

Bestell-Nr. 0627-0

Barthel - Bartock - Billinger - Brambach - Bröger - Chamisso - Dehmel - Dortu - Engelke - Freiligrath - Grisar - Heine - Herwegh - Jünger - Krille - Lersch - Lessen - Naumann - Petzold - Pfau - Piontek - Rilke - Schreiber - Seidel - Weerth - Weinheber - Wieprecht - Winckler - Zech.

Band 9:

Edgar Neis

Deutsche Tiergedichte

136 Seiten

Bestell-Nr. 0628-9

Barth - Bergengruen - Billinger - Boretto - Brecht - Britting - Busch - Claes - Dauthendey - Dehmel - Domin - Droste-Hülshoff - Eggebrecht - Eich - Freiligrath - Gellert - Gleim - Goethe - Grillparzer - Groth - Härtling - Hagedorn - Haushofer - Hausmann - Hebbel - Heine - Hesse - Huchel - F.G. Jünger - W. Lehmann - Liliencron - A.G. Kästner - Keller - Kolmar - Krolow - C.F. Meyer - Morgenstern - Pfeffel - Piontek - Rilke - Ringelnatz - Eugen Roth - N. Sachs - Schaefer - Trakl - Vring - Weinheber - Wiedner - Zachariae - Zuckmayer.

Band 10:

Edgar Neis

Städte und Landschaften im deutschen Gedicht

168 Seiten

Bestell-Nr. 0629-7

Teil I: Borchert – Sidow – Guesmer – Rilke – Grass – Le Fort – Karsunke – Aue – Zeller – Loerke – Fontane – Eich – Bleisch – Körner – Hauptmann – Bobrowski – Stadler – Goll – Reinfrank – Kunze – Zech – Becker – v. Droste-Hülshoff – Busta – Heine – Altenbernd – Wiedner – Stoltze – Kaschnitz – Hannsmann – Schnack – Hölderlin – Barthel – Mörike – Britting – George – Roth.

Teil II: Fontane – Heise – Kalkreuth – Zweig – Rilke – Rheiner – Goll – Salus – Brecht – Bachmann – Lehmann – Wagner – Benn – Schneider – v. Platen – Huchel – Hesse – Krtappen – Kaschnitz – Celan – Britting – Kasack – Kraus – Boretto – Schaefer – Bachmann – v. d. Vring.

Interpretationen zeitgenössicher Kurzgeschichten

Edgar Neis

5. Auflage, 80 Seiten

Bestell-Nr. 0600-9

Band 1: Aichinger, Puppe - Bender, Schafsblut - Bergengruen, Fahrt des Herrn von Ringen - Böll, Ungezählte Geliebte - Brecht, Unwürdige Greisin - Britting, Märchen vom dicken Liebhaber - Ernst, Förster und Wilddieb - Le Fort, Turm der Beständigkeit - Hochhuth, Berliner Antigone - Hofmannsthal, Lucidor - Kafka, Ehepaar - Kaschnitz, Das dicke Kind / Schneeschmelze - Kühner, Es gibt doch noch Wunder - Malecha, Probe - Risse, Gottesurteil - O. Schaefer, Frühe Vision - W. Schäfer, Mozarts Begräbnis - Schnabel, Hundert Stunden vor Bangkok / Sie sehen den Marmor nicht.

Robert Hippe

5. Auflage, 80 Seiten

Bestell-Nr. 0601-7

Band 2: Andres, Trockendock - Benn, Gehirne - Bergengruen, Arzt von Weißenhasel / Legende von den zwei Worten - Böll, Bahnhof von Zimpren / Besenbinder / Erinnerungen eines jungen Königs / So ein Rummel - Brecht, Augsburger Kreidekreis - Döblin, Ermordung einer Butterblume - Dürrenmatt, Tunnel - Eich, Stelzengänger - Franck, Das verstandene Gedicht - Gaiser, Ein Mensch, den ich erlegt habe - Hampel, Das mit dem Mais - Hildesheimer, Eine größere Anschaffung - Kafka, Kübelreiter / Sorge des Hausvaters - Kasack, Mechanischer Doppelgänger - Langgässer, Die getreue Antigone / Untergetaucht - Musil, Portugiesin - Risse, Verkehrsunfall - Schnurre, Ein Fall für Herrn Schmidt.

Karl Brinkmann

4. Auflage, 80 Seiten

Bestell-Nr. 0602-5

Band 3: Aichinger, Plakat - Alverdes, Die dritte Kerze - Böll, Damals in Odessa / Mann mit den Messern / Lohengrins Tod / Wanderer kommst du nach Spa ... - Borchert, Die lange, lange Straße lang / Generation ohne Abschied / Lesebuchgeschichten - Eisenreich, Ein Augenblick der Liebe - Gaiser, Brand im Weinberg / Du sollst nicht stehlen - Langgässer, Die zweite Dido / Glück haben - Lenz, Jäger des Spottes - Schnurre, Die Tat - Spang, Seine große Chance - Spervogel, Hechtkönig - Wiechert, Hauptmann v. Kapernaum / Hirtenknabe.

Martin Pfeifer

4. Auflage, 84 Seiten

Bestell-Nr. 0603-3

Band 4: Aichinger, Hauslehrer / Nichts und das Boot - Bender, Die Wölfe kommen zurück - Böll, Über die Brücke / Es wird etwas geschehen - Brecht, Mantel des Ketzers - Britting, Brudermord im Altwasser - Eich, Züge im Nebel - Ernst, Das zweite Gesicht - Fallada, Lieber Hoppepoppel - Franck, Taliter - Hesse, Beichtvater / Bettler - Johnson, Jonas zum Beispiel - Kusenberg, Eine ernste Geschichte - Langgässer, Saisonbeginn - Le Fort, Frau des Pilatus - Meckauer, Bergschmiede - Pohl, Yannis letzter Schwur - Rinser, David - Schäfer, Hirtenknabe - Schallück, Der Tod hat Verspätung - v. Scholz, Das Inwendige - Walser, Ein schöner Sieg - Weisenborn, Aussage.

Edgar Neis

3. Auflage, 56 Seiten

Bestell-Nr. 0604-1

Band 5: Borges, Das geheime Wunder - Calderón, Invasion - Callaghan, ein sauberes Hemd - Campos, Solidarität - Carson, Ein Mädchen aus Barcelona - Hemingway, Die Killer - Huxley, Schminke - Joyce, Eveline - Katajew, Die Messer - Mansfield, Für sechs Pence Erziehung - Manzoni, Die Repräsentiertasse - Olescha, Aldebaran - Saroyan, Vom Onkel des Barbiers, dem von einem Zirkustiger der Kopf abgebissen wurde - Sarte, Die Mauer - Timmermans, Die Maske.

Karl Brinkmann

3. Auflage, 80 Seiten

Bestell-Nr. 0605-X

Band 6: Andersch, Sehnsucht nach Sansibar - Böll, Wie in schlechten Romanen /Undines gewaltiger Vater - Gaiser, Das Wespennest / Fünfunddreißig Meter Tüll / Der Motorradunfall - Grass, Der Ritterkreuzträger - Hildesheimer, Nächtliche Anrufe - Holthaus, Geschichten aus der Zachurei / Allgemeines / Wo liegt Zachzarch / Das Wirtshaus Zum Vollautomatischen Bären - Lenz, Masurische Geschichte / Der Leseteufel / So schön war mein Markt / Der große Wildenberg - Kramp, Was der Mensch wert ist - Reding, Die Bulldozer kamen / Während des Films / Jerry lacht in Harlem / Fahrerflucht - Schnurre, Wovon der Mensch lebt - Walser, Die Artikel, die ich vertrete.

Rudolf Kanzler

64 Seiten

Bestell-Nr. 0606-8

Band 7: Aichinger, Die Silbermünze - Altendorf, Der Knecht Persenning - Andersch, Ein Auftrag für Lord Glouster - Bauer, Hole deinen Bruder an den Tisch - Britting, Der Gang durchs Gewitter - Dörfler, Der Kriegsblinde - Hesse, Das Nachtpfauenauge - Hildesheimer, Der Urlaub - Kaschnitz, Gespenster - Lenz, Die Nacht im Hotel - Th. Mann, Das Eisenbahnunglück - Noack, Die Wand - Ohrtmann, Der Sched ist wieder da - Rinser, Der fremde Knabe - Schallück, Unser Eduard - Wiechert, Mein erster Adler.

Edgar Neis

80 Seiten

Bestell-Nr. 0607-6

Band 8: Andersch, Grausiges Erlebnis - Bachmann, Alles - Bender, In der Gondel / Fondue - Bichsel, Tochter - Bobrowski, Epitaph für Pinnau - Bolliger, Verwundbare Kindheit - Brecht, Wiedersehen - Eisenreich, Der Weg hinaus - Fritz, Schweigen vieler Jahre - Fühmann, Judenauto / Schöpfung - Gaiser, Gazelle grün - Heissenbüttel, Wassermaler - Kaschnitz, Das rote Netz - Kunert, Fahrt mit der S-Bahn - Nossack, Das Mal - Reinig, Drei Schiffe - A. Schmidt, Resümee - Walser, Tänzer / Knabe - Wohmann, Ich Sperber / Der Schwan / Knurrhahn-Stil.

Robert Hippe

72 Seiten

Bestell-Nr. 0608-4

Band 9: Aichinger, Fenster-Theater - Bichsel, Holzwolle - Brecht, Vier Männer und ein Pokerspiel - Frank, Die Monduhr - Fuchs, Gedankenaustausch - Geißler, Kalte Zeiten III - Heckmann, Die Wohltaten des Löffels / Das Henkersmahl - Holthaus, Warhaftige Geschichte von der Spazierfahrt - Kaschnitz, Popp und Mingel / Christine - Klose, Am roten Forst - Kunert, Andromeda zur Unzeit - Lenz, Die große Konferenz - Magiera, In den Sand geschrieben - Marti, Neapel sehen - Mechtel, Ein kleiner Tag - Nossack, Helios GmbH - Novak, Schlittenfahren - Weissenborn, Die Stimme des Herrn Gasenzer / Die Sache mit Dad - Wohmann, Denk immer an heut nachmittag - Weyrauch, Mit dem Kopf durch die Wand - Wohmann, Die Klavierstunde - Zeller, Der Tumbau.

Edgar Neis

80 Seiten

Bestell-Nr. 0609-2

Band 10: Bernhard, Die Mütze - Bichsel, San Salvador / Ein Tisch - Bobrowski, Lipmanns Leib - Brecht, Das Experiment - Brückner, Lewan / Schwierigkeiten beim Ausfüllen eines Meldezettels / Ein Pferd ist ein Pferd - Dürrenmatt, A's Sturz - Gaiser, Fällung eines Teichs - Hildesheimer, Nachtigall - F.G. Jünger, Urlaub - Kaschnitz, Eisbären - Koeppen, Baseballspieler - Kunert, Zirkuswesen - Musil, Das Fliegenpapier - Novak, Abgefertigt - Reinig, Skorpion - A. Schmidt, Sommermeteor - Weyrauch, Beginn einer Rache.

Wolfgang Kopplin

Kontrapunkte

160 Seiten

Bestell-Nr. 0547-9

Kontroversinterpretationen zur modernen deutschsprachigen Kurzprosa.
Prosatexte, zwischen 1963 und 1975 entstanden, dienen dem Autor dazu, die dialektische Methode des Pro und Kontra als Interpretationsansatz anzuwenden. Dem Primärtext schließen sich jeweils die Kontroversinterpretationen an. Ein Buch, welches Anregungen zum Verstehen und zur Entschlüsselung von Texten gibt.
Inhalt: Texte von Artmann - Bichsel - Dellin - Gerz - Gregor - Kunert - Reinig - Schnurre u.a. werden in einer Pro- und Kontra-Interpretation vorgestellt.

Albert Lehmann

Erörterungen

Gliederungen und Materialen
Methoden und Beispiele

3. verb. Auflage, 168 Seiten

Bestell-Nr. 0476-6

Die vorliegende Sammlung von 58 Gliederungen, die durch Erläuterungen - vornehmlich Beispiele - zu den einzelnen Gliederungspunkten erweitert sind, sollen die Wiederholung des Jahresstoffes erleichtern.
Stoffkreisthemen: Natur - Tourismus - Technik - Freizeit - Arbeit/Beruf - Konflikte zwischen den Generationen - Drogen - Kinder und Familie - Die Stellung der Frau in der Gesellschaft - Sport - Massenmedien und viele Einzelthemen.

Für Lehrer ein unentbehrliches Nachschlage- und Vorbereitungsbuch.

Birgit Lermen /

Matthias Loewen

Trickfilm als didaktische Aufgabe

Band 1: Sekundarstufe I
232 Seiten - Fotos
Bestell-Nr. 0618-1

Band 2: Sekundarstufe II
Bestell-Nr. 0619-X
216 Seiten - Fotos

Die Untersuchung über den Trickfilm als didaktische Aufgabe trägt der unterschiedlichen Ausgangslage in den beiden Stufen des Sekundarunterrichts Rechnung durch die Aufteilung in zwei Bände.

Band 1 stellt sich gezielt auf die Bedürfnisse und Erwartungen der Sekundarstufe I ein. Aus der Eigenart des Mediums Trickfilm wird ein Analyse-Instrumentarium entwickelt, dessen Brauchbarkeit an 13 Filmen unterschiedlicher Herkunft erprobt wird. Auf der damit geschaffenen Grundlage wird ein didaktisch-methodisches Konzept erstellt.

Band 2 orientiert sich an den Bedürfnissen der Sekundarstufe II. Eine semiotische Einführung erweitert und vertieft die in Band I erstellte Grundlage. Im Mittelpunkt stehen wieder die Einzelanalysen, deren Zahl des größeren Umfangs wegen auf zwölf reduziert ist.
Wie in Band I soll beides - Analysen und Einführung - als Basis dienen für didaktische Fragestellungen und Entscheidungen.
Die Auswahl der Filme wurde in beiden Bänden bestimmt durch :

a) das Ausleihangebot der Stadt und Kreisbildstellen in der Bundesrepublik,
b) die ästhetische Qualität,
c) die thematische Relevanz,
d) die didaktische Potenz.

Martin H. Ludwig

Das Referat

Kurze Anleitung zu einer Erarbeitung und Abfassung für Schüler und Studenten.

Bestell-Nr. 0646-7

Planen und Sammeln - Bibliographieren - Schreiben und Zitieren - Lesen und Notieren - Auswerten und Gliedern - Der Text - Der Vortrag.

Martin H. Ludwig

Praktische Rhetorik

Reden - Argumentieren - Erfolgreich verhandeln

Grafiken - 136 Seiten

Bestell.-Nr. 0688-2

Praktische Rhetorik ist ein Übungsfeld für jedermann! Ob bei der Sammlung von Gedanken, bei der Konzentration der Argumente, bei der Gestaltung einer Rede, in der Rücksichtnahme auf den Verhandlungspartner, bei der Vorsicht vor „gefährlichen" Redewendungen.

Aus dem Inhalt: Formale Rhetorik - Dekorative Rhetorik - Verwendung von Argumenten in der Verhandlung - Psychologie in der Verhandlung - Einzelne Techniken zur Durchsetzung von Anliegen - Positive Verhandlungstechniken - Wie wehre ich mich gegen ...? - Typische Verhandlungssituation - Wann sind welche Techniken angebracht?

Methoden und Beispiele der Kurzgeschichten Interpretation

3. Auflage, 64 Seiten

Bestell-Nr. 0585-1

Herausgegeben und erstellt von einem Arbeitskreis der Pädagog. Akademie Zams.

Methoden: Werkimmanente, existenzialistische, grammatische, stilistische, strukturelle, kommunikative, soziologische, geistesgeschichtliche, historisch/biographisch/symbolistische Methode.

Beispiele: Eisenreich - Cortázar - Dürrenmatt - Brecht - Horvath - Bichsel - Kaschnitz - Lenz - Weißenborn - Rinser - Borchert - Nöstlinger - Wölfel - Langgässer.

An Beispielen ausgewählter Kurzgeschichten werden die einzelnen Methoden der Interpretation demonstriert und erläutert. Information und Nachschlagewerk für den Unterricht in den Sekundarstufen.

Edgar Neis

Das neue große Aufsatzbuch

-Methoden und Beispiele des Aufsatzunterrichts für die Sekundarstufen I und II -

212 Seiten - 5. Auflage

Bestell-Nr. 0636-X

Inhalt:
Zur Technik des Aufsatzschreibens - Stoffsammlung und Disposition - Wie schreibe ich eine Charakteristik? - Wie schreibe ich eine Erörterung? - Der dialektische Besinnungsaufsatz - Themen und Aufsätze zu Problemen unserer Zeit - Aufsätze zur Literatur - Wege der Texterschließung - Interpretationshinweise - Fachbegriffe der Aufsatzlehre (Lexikon der Terminologien) - Vorschläge für Aufsatzthemen - Themenkatalog für das Ende des 20. Jahrhunderts - Literaturnachweis.
Dieses Buch richtet sich an Lehrer und Schüler von Haupt-, Real- und Oberschulen (Gymnasien).
Breit einsetzbar in Grund- und Leistungskursen.

Edgar Neis

Deutsche Diktatstoffe -Unterstufe-

3. bis 7. Jahrgangsstufe
6. Auflage, 64 Seiten

Bestell-Nr. 0524-X

Edgar Neis

Moderne deutsche Diktatstoffe

-Sekundarstufe I-

5.-10. Jahrgangstufe

Bestell-Nr. 0693-9

Beide Bände sollen der Einübung und Wiederholung der Rechtschreibung und Zeichensetzung dienen. Jeder Band gliedert sich in zwei Teile, einen systematischen Teil, der zielbewußter Einübung von Wörtern, deren Schreibung Schwierigkeiten bereitet, dient und einen allgemeinen Teil. Dieser bringt zusammenhängende Diktatstoffe aus dem deutschen Schrifttum. Die Namen der Verfasser bürgen für die Stilhöhe der einzelnen Texte.

Edgar Neis

Interpretationen von 66 Balladen, Erzählgedichten und Moritaten

Analysen und Kommentare
5. Auflage, 176 Seiten

Bestell-Nr. 0590-8

Balladen des 18., 19. und 20. Jahrhunderts werden in diesem für Lehrer, Studenten und Schüler bestimmten Band ausführlich interpretiert und durch Erklärungen Verständnis für diese Art Dichtung geweckt. Eine unentbehrliche Hilfe für den Deutsch- und Literaturunterricht.

Aus dem Inhalt: Bürger - Herder - Goethe - Schiller - Uhland - Eichendorff - Heine - Droste-Hülshoff- Miegel - Brecht - Huchel - Celan - Chr. Reinig - Kunert u.v.a.

Edgar Neis

Interpretationen motivgleicher Werke der Weltliteratur

2. Auflage, je 144 Seiten

Dramatische, epische und lyrische Gestaltung der bekanntesten Stoffe der Weltliteratur werden mit knappen Inhaltsangaben vorgestellt und miteinander vergleichend interpretiert.

Band 1:
Mythische Gestalten **Bestell-Nr. 0548-7**

Alkestis - Antigone - Die Atriden (Elektra / Orest) - Iphigenie - Medea - Phädra

Band 2:
Historische Gestalten **Bestell-Nr. 0549-5**

Julius Caesar - Coriolan - Der arme Heinrich - Die Nibelungen - Romeo und Julia - Jeanne d'Arc / Die Jungfrau v. Orleans - Johann Joachim Winckelmann

Edgar Neis

Verbessere Deinen Stil

2. Auflage, 120 Seiten

Bestell-Nr. 0539-8

Der Autor versucht im vorliegenden Band vom grundlegenden Schema über Wortwahl und Satzgestaltung den Interessierten zu einer guten Ausdrucksform zu führen. Stil ist erlernbar, deshalb wurden im 2. Teil viele künstlerisch gestaltete, stilvolle Beispiele wiedergegeben.

Edgar Neis

Wie interpretiere ich ein Drama?

Methoden und Beispiele
2. Auflage - 224 Seiten

Bestell-Nr. 0633-8

Erstbegegnungen mit dramatischen Formen - Methode des Interpretierens - Wege zur Erschließung und Analyse eines Dramas.

Arbeit im Detail: Titel, Personen, Handlung, Aufbau, Sprache, Realisation, Bühnengestaltung, Regieanweisungen, sozio-kulturelle und historische Einordnung usw.

Modelinterpretationen - Zur Theorie des Dramas - Literaturverzeichnis.

Interessenten: Lehrer und Schüler aller Schulgattungen.

Edgar Neis

Wie interpretiere ich Gedichte und Kurzgeschichten?

13. Auflage, 208 Seiten

Bestell-Nr. 0530-3

Ein "Grundkurs", die Kunst der Interpretation zu erlernen und zu verstehen. Die tabellarischen Leitlinien führen den Benutzer des Buches zum Verständnis für diese Gattung der Poesie. Anhand von zahlreichen durchgeführten Interpretationen ist dieses Buch ein unentbehrliches Hilfsmittel für Schüler und Lehrer.

Reiner Poppe

Aufsätze im Deutschunterricht der Sekundarstufe I

Themen - Techniken - Beispiele

ca. 144 Seiten

Bestell-Nr. 0464-2

Das Aufsatzbuch ist für Schüler und Schülerinnen der Sekundarstufe I verfaßt. Es setzt Materialien und Techniken, Beispiele und vermittelnde Information ein, um den Schüler zum Verfassen eigener Texte **methodisch** anzuleiten. Die im Kapitel 4 vorgetragenen Beispiele erfassen in **kommunikativen Anwendungssituationen** die wichtigsten Textsorten:
Erzählbericht - Bericht - Beschreibung - Erörterung - (dialektischer) Besinnungsaufsatz - Interpretation. Der Schwerpunkt liegt dabei auf **alltagsrelevanten, pragmatischen Varianten** dieser Grundformen (Brief, Klappentext, Bedienungsanleitung, Sachtext, Inhaltsskizze, Leserbrief etc.)

Gliederung: Aufsatzformen nach Jahrgangsstufen geordnet/'richtlinienkonform' - Themen zum Üben - Techniken-Hilfsmittel, Beispiele (exemplarisch) - Glossar - Literaturhinweise.

Reiner Poppe

Rechtschreibsicherung

Texte und Übungen für die Klassen 5 und 6

196 Seiten

Bestell-Nr. 0595-9

Zum Selbstunterricht mit Hinweisen zur Handhabung sowie didaktischen und methodischen Anleitungen für Unterrichtende.
Zu ausgewählten Rechtschreibschwierigkeiten wurden **Texte mit vielgestaltigen Übungen** in Einzelkapiteln zusammengefaßt. Jede Textgruppe ist mit einer knappen **Zusammenfassung** des voraufgegangenen Lernstoffes sowie **Erprobungsdiktaten** abgeschlossen. Testdiktate beschließen den Übungsteil. Es wurde besonders darauf geachtet, daß der Lernende Schwierigkeiten bewußt erfährt, **Lösungswege** und **Hilfen eigenständig** formuliert und **systematisch** üben kann.

Klaus Sczyrba

50 Kurzdiktate

für die 4. - 7. Klasse
mit 250 Übungsmöglichkeiten

116 Seiten + Lösungsheft

Bestell.-Nr. 0477-4

Der bekannte Autor Klaus Sczyrba bringt wieder eigene Diktate für rechtschreibschwache Schüler und Schülerinnen zum häuslichen Arbeiten.

Für die Hand des Lehrers als Kurztest-Übungen im Unterricht bestens geeignet. Der Autor hat selbst im Unterricht erfolgreich damit gearbeitet.

Klaus Sczyrba

Komm, wir schreiben!

Rechtschreibübungsheft für das 2. und 3. Schuljahr

Format: DIN A4 - 40 farbige Illustrationen
2. Auflage - 36 Seiten

Bestell-Nr. 0614-9

Freude ist der Motor zum Erfolg. Nach diesem Grundsatz will der Autor den Kindern durch die lustbetonte, sehr abwechslungsreiche Art dieses Heftes den Weg zu Rechtschreibsicherung leicht machen. In frohem Tun werden fast unauffällig fundamentale Kenntnisse der Rechtschreibung angeeignet, ohne daß die Kinder dabei den Eindruck des Übens haben.

Klaus Sczyrba

Komm, wir schreiben!

Rechtschreibübungsheft für das 3. und 4. Schuljahr

Format: DIN A4 - 60 farbige Illustrationen
60 Seiten

Bestell-Nr. 0616-5

Alle Übungen für die Kinder des 3. und 4. Schuljahres sind so angelegt, daß sie mit Freude durchgeführt werden. Sie enthalten kurzweilige Aufgaben, Reime und Rätsel. Die Richtigkeit der Lösungen kann leicht selbst überprüft werden.
Üben ist für Kinder oft freudlos und langweilig. Bei diesem Heft spüren sie aber nicht, daß "nur geübt" wird. In froher, zielstrebiger Arbeit wird fast unbewußt die Rechtschreibfertigkeit gesteigert.

Klaus Sczyrba

Lebensnahe Diktate

für die Grundschule mit angeliederten Übungsmöglichkeiten für das **2. bis 4 Schuljahr**
3. Auflage - 152 Seiten + Lösungsheft

Bestell-Nr. 0610-6

Dieses Übungsbuch ist aus der Erfahrung langjähriger Schularbeit entstanden und soll den Kindern vom 2. bis 4. Schuljahr helfen, ihre Rechtschreibleistungen zu verbessern.
Dazu werden 150 Diktate geboten, die in Ausmaß und Schwierigkeitsgrad dem Alter der Kinder entsprechen.
Zur vertiefenden Behandlung aller Rechtschreibbereiche sind jedem Diktat eine Reihe Übungsmöglichkeiten beigefügt.

Klaus Sczyrba

Moderne Aufsatzerziehung für das 5. - 7. Schuljahr

ca. 144 Seiten

Bestell-Nr. 0472-3

Diese ganz auf die Schulpraxis bezogene Büchlein bietet Hilfen und Anregungen für das Schreiben von Nacherzählungen, Erlebnisaufsätzen, Phantasiegeschichten, Beschreibungen, Schilderungen und Berichten. Außerdem enthält es Übungen zur Grammatik, zur Rechtschreibung und Ausdrucksverbesserung.

Ein weiteres Buch von unserem Erfolgsautor Klaus Sczyrba.

Klaus Scyrba

Neue lebensnahe Diktate

mit zahlreichen Übungsmöglichkeiten für das **2. bis 10. Schuljahr**

2. Auflage - 312 Seiten

Bestell-Nr. 0611-4

Wie in den früheren Ausgaben diese Buches werden hier wieder über 200 Diktate geboten, die in Ausmaß und Schwierigkeitsgrad dem Alter des Kindes entsprechen.

Klaus Sczyrba

Lebensnahe Dikate

mit zahlreichen Übungsmöglicheiten für das **5. bis 7. Schuljahr** + Lösungsheft

2. Auflage - 240 Seiten

Bestell-Nr. 0613-0

In diesem Übungsbuch werden 150 Diktate geboten, die Kindern des 5. bis 7. Schuljahres helfen sollen, ihre Rechtschreibkenntnisse zu verbessern.
Zur vertiefenden Behandlung aller Rechtschreibbereiche ist jedem Diktat eine Reihe Übungsmöglichkeiten beigefügt.

Klaus Sczyrba

Lebensnahe Diktate

100 Diktattexte mit 600 Lösungsmöglichkeiten für das **8. bis 10. Schuljahr**

210 Seiten + Lösungsheft

Bestell-Nr. 0471-5

Das Buch will mit seinen Diktaten und Übungen zum richtigen Gebrauch unserer Sprache beitragen. Die Diktate sind nicht nur nach Rechtschreibschwierigkeiten oder zur Anwendung einer Regel konstruiert, sondern sind auf die Bedürfnisse von Zeit und Umwelt abgestimmt.
Übungsmöglichkeiten mit Lösungen machen dieses Buch für häusliches Arbeiten und für den Unterrichtsgebrauch gleichermaßen unentbehrlich.

Klaus Sczyrba

Lebensnahe Diktate

mit zahlreichen Übungsmöglichkeiten für das **5. bis 10. Schuljahr**

2. Auflage - 432 Seiten + Lösungsheft

Bestell-Nr. 0612-2

Auch dieses Übungsbuch soll den Kindern vom 5. bis 10. Schuljahr helfen, ihre Rechtschreibleistungen zu verbessern.
Die hier angebotenen 250 Diktate sind in Ausmaß und Schwierigkeitsgrad dem Alter entsprechend ausgewählt worden. Jedem Diktat ist eine Reihe Übungsmöglichkeiten beigefügt, ebenso wurde der entsprechende Wortschatz eingebracht.
Tabellen der Rechtschreibschwierigkeiten in den einzelnen Schuljahren runden diese Übungsbuch ab.

Klaus Sczyrba

Lebensnahe Grammatik für die Grundschule

für das 2. bis 4. Schuljahr

140 Seiten

Bestell-Nr. 0673-4

Die alltäglichen Begebenheiten zweier Kinder sind lebendige Einstiege in alle Bereiche der Grundschulgrammatik. In übersichtlicher Weise werden alle notwendigen Kenntnisse zur Beherrschung unserer Sprache kindgemäß vermittelt, die in den angegliederten Übungen angewandt werden können. So ist dieses Büchlein sehr hilfreich für den Unterricht in der Schule und die häusliche Einzelarbeit.

Klaus Sczyrba

Lebensnahe Sprachlehre in der Grundschule

50 Unterrichtsentwürfe für die Einführung aller wesentlichen Gebiete.

112 Seiten, Illustrationen

Bestell-Nr. 0615-7

Neubearbeitete 2. Auflage

Diese Unterrichtsentwürfe haben sich als eine vielbegehrte Hilfe erwiesen und ermöglichen, daß der sonst so trockene Stoff der Sprachlehre lebensnah, auf lustbetonte Weise eingeführt wird.
Jeder Entwurf ist eine Unterrichtseinheit, die sich über einen längeren Zeitraum erstreckt.

Klaus Sczyrba

Lebensnahe Grammatik für die Sekundarstufe I

5.-10 Klasse
Mit 100 Übungen + Lösungsheft

128 Seiten

Bestell-Nr. 0474-X

Wesentliche Ursache für die Fehlerhäufigkeit in der Rechtschreibung ist in der mangelnden grammatischen Erkenntnis zu suchen.
Das Buch will hier Abhilfe schaffen. In übersichtlicher Anordnung bietet es in den für das Leben wichtigen Bereichen der Grammatik viele Beispiele und Übungsmöglichkeiten.

Klaus Sczyrba

Rechtschreib-Olympiade

Übungen mit Lösungen für die 5.-7. Klasse

136 Seiten + Lösungsheft

Bestell-Nr. 0475-8

Unser Erfolgautor Klaus Sczyrba bringt mit diesem Band ein lebensnahes Rechtschreibbuch auf den Markt, welches durch seinen Wettbewerbcharakter sicher viele Übende ansprechen wird.
Kurze Übungstexte zu den Schwierigkeiten der deutschen Sprache werden allen Benutzern Hilfe geben und einprägsam zukünftige Fehler vermeiden helfen.

Englisch

Peter Luther/Jürgen Meyer

Englische Diktatstoffe

Unter- und Mittelstufe Sekundarstufe I)

64 Seiten

Bestell.-Nr. 0647-5

Beginnend mit einfachsten Texten und Erklärungen wird hier der Benutzer der Bücher mit der englischen Grammatik, Wortlehre und Rechtschreibung vertraut gemacht. Die Texte geben Hinweise auf die Vorbereitung zur Nacherzählung und sind gestaffelt nach Schwierigkeiten und Themengruppen. Worterklärungen und Übungen zur Selbstkontrolle runden den Band ab.

Jürgen Meyer/Gisela Schulz

Englische Synonyme als Fehlerquellen

Übungssätze mit Lösungen

116 Seiten

Bestell.-Nr. 0596-7

Dieses Übungsbuch will helfen, die im Bereich der Synonyme immer wieder auftretenden Fehler zu vermeiden.
Die Aufstellung ruht auf Beobachtungen, die die Verfasser im Unterricht gemacht haben und erhebt keinen Anspruch auf Vollständigkeit. Dier Übungssätze wurden so formuliert, daß die wichtigen Bedeutungsnuancen so klar wie möglich hervortreten. Die zur Kontrolle beigefügten Lösungen geben an, ob und wo Fehler gemacht worden sind.

Jürgen Meyer

Deutsch-englische/ englisch-deutsche Übersetzungsübungen

9.–13. Klasse

2. Auflage - 104 Seiten

Bestell.-Nr. 0594-0

Texte für Fortgeschrittene, die ihre Kenntnisse in Wortanwendung und Grammatik erweitern und überprüfen wollen.
Zu den zeitgemäßen deutschen Texten wurden die Vokabeln und deren Anwendungsmöglichkeiten gegeben und erklärt.
Am Schluß des Bandes die englischen Texte zur Kontrolle.
Breit einsetzbar in den Sekundarstufen, Grund- und Leistungskursen.

Jürgen Meyer/Ulrich Stau

Englisch 5./6. Klasse

Übungen mit Lösungen

128 Seiten - Viele Zeichnungen

Bestell.-Nr. 0687-4

Der gesammte Stoff Englisch der 5. und 6. Klasse wird in diesem Nachhilfebuch wiederholt. Die Benutzer können anhand von Übungen ihr Wissen testen und im Lösungsteil nachschlagen.

Der Stoff wurde den einschlägigen Lehrwerken an den Schulen der verschiedenen Bundesländer angeglichen um eine Benutzung nicht von den verschiedenen Kriterien der Bundesländer abhängig zu machen.

Den Schülerinnen und Schülern wird hier echte 'Lernhilfe' geboten!

Jürgen Meyer

Übungstexte zur englischen Grammatik

9. – 13. Klasse

2. Auflage - 96 Seiten

Bestell.-Nr. 0567-3

Der Band enthält Übungsmaterial zu aktuellen Fragen, u.a. Sachtexte zu Personen, wissenschaftliche Entdekkungen und zeitgeschichtlichen Ereignissen, die über das heutige Großbritannien und die USA informieren. Die Texte sind mit ausführlichen Hinweisen zu den Vokabeln sowie Übungen zur Syntax und zum Wortschatz versehen. Diskusssionsvorschläge und ein sorgfältig aufbereiteter Schlüssel bieten zusätzliche Unterrichtshilfen. Das Buch ist sowohl für Gruppenarbeit als auch für das Selbststudium geeignet.

Edgar Neis

Übungen zur englischen Herübersetzung

108 Seiten

Bestell-Nr. 0542-8

Das Übungsbuch richtet sich an den Schüler, der ohne Hilfe eines anderen selbständig die Fertigkeit des Übersetzens aus dem Englischen erlernen will. 38 Texte aus Literatur und Sachschrifttum, jeweils mit Vokabelangaben versehen, kann der Übende ins Deutsche übertragen und anhand des Lösungsteils auf seine Richtigkeit hin überprüfen.
Die Texte eignen sich im Unterrichtsgebrauch als Übungen zur Nacherzählung und Grammatik.

Edgar Neis

Wie schreibe ich gute englische Nacherzählungen?

6. Auflage - 84 Seiten

Bestell-Nr. 0526-6

Langjährige, im gymnasialen Englischunterricht auf der Mittel- und Oberstufe, sowie bei zahlreichen Abiturprüfungen gewonnene Erfahrungen haben zur Herausgabe dieses Buches geführt. Texterfassung und -darstellung, Wortschatzerweiterung, Regeln der Stillehre, Erzählstil, idiomatische Redewendungen, Homophone, unregelmäßige Verben, Comment u.v.a.
Musterbeispiele als Vorlagen für Lernende.

Französich

Klaus Bahners

Französischunterricht in der Sekundarstufe II

(Kollegstufe)

Texte - Analysen - Methoden

104 Seiten

Bestell-Nr. 0565-7

Dieses Buch wendet sich an alle, die jetzt oder künftig auf der neugestalteten Oberstufe (Sekundarstufe II) Französischunterricht erteilen; vor allem an jüngere Kollegen und Referendare, aber auch an Studenten, die sich auf den Übergang vom wissenschaftlichen Studium zur pädagogischen Umsetzung vorbereiten wollen.

Paul Kämpchen

Französische Texte zur Vorbereitung auf die Reifeprüfung

80 Seiten

Bestell-Nr. 0522-3

Übungen für Grammatik, des Stils und eine der Prüfungsarten - die Nacherzählung - sollen hier dem Anwärter zur Prüfung nahegebracht werden. Kurze und lange Nacherzählungstexte mit Worterklärungen stehen hier als Übungstexte zur Verfügung.
Der Schüler oder Student kann anhand dieser Kurzgeschichten seine sprachliche Beweglichkeit unter Beweis stellen. Kleine und leichte Stücke, die sich nur für Anfänger und wenig Fortgeschrittene eignen, wurden weggelassen.

Alfred Möslein/
Monique Sickermann-Bernard

Textes d'étude

64 Seiten

Bestell-Nr. 0523-1

25 erzählende Texte aus der neueren französischen Literatur als Vorlagen für Nacherzählungen und Textaufgaben.
Durch unterschiedliche Längen und Schwierigkeitsgrade, sowie durch breitgefächerte Thematik eignen sich diese Texte als Lektüre und Ausgangspunkt für Diskussionen im Unterricht. In den "Suggestions" findet man einige Anregungen für Übungen, die sich an die reine Textbehandlung anschließen können. Die Worterklärungen sollen das Verständnis der Texte erleichtern.

Werner Reinhard

Französische Diktatstoffe Unter- und Mittelstufe

1./2. Unterrichtsjahr, sowie 3./4. Unterrichtsjahr

3. Auflage - 96 Seiten

Bestell-Nr. 0532-0

Die nach dem Schwierigkeitsgrad geordneten Texte sind überwiegend Erzählungen und Berichte von Begebenheiten des täglichen Lebens, wobei unbekannte Vokabeln beigegeben sind. Mit den Texten lernt der Schüler die gehobene Umgangssprache, d.h. Vokabular und Wendungen, die er später für eigene Textproduktionen verwenden kann. Den Texten vorangestellt sind Bemerkungen zur Rechtschreibung, die nützliche Rechtschreibregeln enthalten.

Werner Reinhard

Übungstexte zur französischen Grammatik

9. - 13. Klasse

2. Auflage - 128 Seiten

Bestell-Nr. 0543-6

"Übungstexte zur französischen Grammatik" wendet sich an Lernende, die bereits einige grammatische Kenntnisse haben, sie jedoch festigen und vertiefen wollen. Es eignet sich aufgrund umfangreicher Vokabelangaben, sowie des ausführlichen Lösungsteils, zum Selbststudium und vermag bei Schülern ab Klasse 9 Nachhilfeunterricht zu ersetzen.
Die textbezogenen Aufgaben berücksichtigen insgesamt die wichtigsten grammatischen Gebiete, ein Register ermöglicht auch systematisches Vorgehen.

Werner Reinhard

Übungen zur französischen Herübersetzung

96 Seiten

Bestell-Nr. 0537-1

40 franz. Texte aus Literatur und Sachschrifttum, jeweils mit Vokabelangaben versehen, kann der Lernende ins Deutsche übertragen und anschließend, anhand des Lösungsteiles, seine Fassungen auf ihre Richtigkeit hin überprüfen. Dem Verfasser kam es bei den deutschen Übersetzungen nicht auf prägnanten Stil an, es ging ihm vielmehr um die inhaltlich richtige und vom Schüler nachvollziehbare Übersetzung. So enthalten die Herübersetzungen jeweils auch Anmerkungen mit wörtlichen Entsprechungen, Varianten und Hinweisen zur Grammatik. Breit einsetzbar in den Sekundarstufen.

Christine und Gert Sautermeister

Der sichere Weg zur guten französischen Nacherzählung

-Zur Methodik des Hörens und Schreibens im Französischunterricht-

118 Seiten

Bestell-Nr. 0534-7

Der erste Teil des Buches will auf die Bedingungen richtigen Hörens aufmerksam machen und Wege zum besseren Hören skizzieren. Der zweite Teil gibt Anregungen, die Grundrisse des Textes, der Gelenkstellen, Höhepunkte, Pointen nochmals zu vergegenwärtigen. Spezifische Formulierungsprobleme der Nacherzählung entfaltet der dritte Teil.

Werner Reinhard

Kurze moderne Übungstexte zur französischen Präposition

120 Seiten

Bestell-Nr. 0568-1

In einem lexikalischen Teil gibt das Übungsbuch zunächst einen Überblick über die Anwendung der wichtigsten Präpositionen. Auch die Präpositonen als Bindeglied zwischen Verb und Objekt bzw. Infinitiv (vor allem à und de) wird berücksichtigt. Listen erleichtern dabei systematisches Lernen.
Im anschließenden Übungsteil kann der Benutzer seine Kenntnisse überprüfen. Vorherrschende Methode ist die Einsatzübung. Mit dem Lösungsteil eignet sich das Buch gut zum Selbststudium. Einsetzbar für den Unterricht in den Sekundarstufen.

Gemeinschafts-kunde

Peter Beyersdorf

Die Bundesrepublik Deutschland

Arbeitsheft zur Sozial- und Gesellschaftskunde

Band 1:
Strukturen und Institutionen
mit Text des Grundgesetzes
124 Seiten
Bestell-Nr. 0507-X

Band 2:
Parteien und Verbände
84 Seiten
Bestell-Nr. 0508-8

Band 3:
Außenpolitische Entwicklung
72 Seiten
Bestell-Nr. 0509-6

Diese Reihe wurde vor allem für den Bereich der politischen Pädagogik geplant: für Lehrer und Schüler also in erster Linie. Das gilt für Gymnasien und höhere Schulen insgesamt, für Berufsschulen und nicht zuletzt für den großen Bereich der Erwachsenenbildung in den Volkshochschulen.
Jedes Heft enthält neben dem Textteil einen Dokumentenanhang und ein Literaturverzeichnis, darin wird auf spezielle, einzelne Themen vertiefende Bücher hingewiesen.
Mit Hilfe dieser "Arbeitshefte" wird es dem Benutzer möglich, die grundsätzlichen politischen Zusammenhänge unseres Gemeinwesens und die Struktur der internationalen Politik zu erkennen. Dazu werden nicht nur Daten und Fakten geboten, sondern zugleich auch deren Erklärung und Interpretation. Stand 1970!

Latein

Reinhold Anton

Die Stammformen und Bedeutungen der lateinischen unregelmäßigen Verben

Anleitung zur Konjugation von etwa 1600 einfachen und zusammengesetzten unregelmäßigen Verben.

5. verbess. Auflage - 40 Seiten

Bestell-Nr. 0500-2

Oswald Woyte

Latein-Gerüst

Der gesamte Stoff bis zur Sekundarstufe II (Kollegstufe) in übersichtlicher Anordnung und leichtverständlicher Darstellung mit Übungstexten, Übungsaufgaben und Schlüssel.

Teil 1: **Formenlehre**
116 Seiten
Bestell-Nr. 0552-5

Teil 2: **Übungsaufgaben und Schlüssel zur Formenlehre**
144 Seiten
Bestell-Nr. 0553-3

Teil 3: **Satzlehre**
104 Seiten
Bestell-Nr. 0554-1

Teil 3: **Übungsaufgaben und Schlüssel zur Satzlehre**
72 Seiten
Bestell-Nr. 0555-X

jeweils 2. Auflage

Die vier Bände ersparen den Lernenden die Nachhilfestunden und bieten ein unentbehrliches Übungs- und Nachschlagewerk bis zur Reifeprüfung.
Der Autor hat aus seiner Praxis als Oberstudiendirektor die Schwierigkeiten der lateinischen Sprache für den häuslichen Übungsbereich aufbereitet und leicht faßbar erläutert. Lernanweisungen sollen das Einprägen erleichtern.

Friedrich Nikol

Latein 1

Übungen mit Lösungen für das erste Lateinjahr in zwei Bänden.

Band 1/**Erstes Halbjahr**
mit Lösungsteil
Bestell-Nr. 0634-3

Band 2/**Zweites Halbjahr**
mit Lösungsteil
Bestell-Nr. 0635-1

In beiden Teilbänden wird der gesamte Stoff des ersten Lateinjahres behandelt.

Latein 2

(2. Lateinjahr)

Bestell-Nr. 0638-6

Der lateinische Wortschatz ist in den Büchern genau angegeben und den verschiedenen lateinischen Unterrichtswerken angepaßt, die in den einzelnen Bundesländern zugelassen und eingeführt sind.
Bei gründlicher häuslicher Nachhilfe mit den Büchern wird der Übende immer mehr Freude an Latein bekommen und bald wird sich auch der Erfolg bei den Leistungen in der Schule zeigen.

Suchen Sie wortgetreue Übersetzungen und Präparationen zu Ihren Schullektüren römischer und griechischer Klassiker?
Sie finden in der **„Kleinen Übersetzungsbibliothek"** in 500 Bänden im Kleinformat wörtliche deutsche Übersetzungen.
Fordern Sie das ausführliche Verzeichnis an.

Mathematik

Bernd Hofmann

Algebra 1

Mathematikhilfe für die 7./8. Jahrgangsstufe weiterführender Schulen

216 Seiten

Bestell-Nr. 0580-0

Friedrich Nikol
Lothar Deutschmann

Algebra 2

Übungs- und Wiederholungsbuch für die 9. und 10. Jahrgangstufe

168 Seiten - Viele Abbildungen

Bestell-Nr. 0645-9

Helmut Kürzdörfer

Geometrie 1

Mathematikhilfe für die 7./8. Jahrgangsstufe weiterführender Schulen

232 Seiten

Bestell-Nr. 0581-9

Diese Bücher sind im wesentlichen auf den Lehrstoff des 7. bis 10. Schuljahres abgestimmt. **Sie gliedern sich in Kontroll-, Übungs- und Lösungsteil.** Ausgerichtet sind sie als unterrichtsbegleitende Werke auf Schüler und die ihnen hilfreich zur Seite stehenden Eltern.
Nützlich sind sie aber auch wegen des großen und vielseitigen Angebots an Übungsaufgaben (mit vollständigen Lösungswegen) **für Lehrer.** Von ähnlichen Unterrichtshilfen heben sie sich durch die kurze, übersichtliche und verständliche Darstellung sowie durch gute Überprüfbarkeit der Kenntnisse ab. (Besprechung der Bibliothekszentrale, Reutlingen).

Lothar Deutschmann

Mathematik

Wegweiser zur Abschlußprüfung
Mathematik I, II und III an Realschulen

Anhang: Reifeprüfungsaufgaben mit Lösungen 1980/1981/1982/1983

168 Seiten + 121 Abb.

Bestell-Nr. 0644-0

Ein erfahrener Pädagoge erteilt Nachhilfeunterricht in Mathematik.

In anschaulicher Weise werden den Benutzern Aufgaben aus der Mathematik an Realschulen vorgeführt, erklärt und mit Lösungsweg und Lösungen beschrieben.

Ruth Kirchmann

Zielscheibe Mathematik

Wenn Schüler vor Mathematik zurückschrecken, liegt es häufig an den Lücken, die irgendwann entstanden sind und das Verständnis des ganzen folgenden Unterrichtsstoffes blockieren.
In diesen Nachhilfebüchern, die auch zum Nachlernen für zu Hause geeignet sind, finden sich Schüler schnell zurecht.

Dezimalzahlen

78 Seiten - viele Abbildungen
+ 8 Seiten Lösungsheft

Bestell-Nr. 0671-8

Johannes Lorenz

Mathematik-Gerüst – Unterbau

6. Auflage - 84 Seiten

Bestell-Nr. 0558-4

Sammlung von Formeln und Sätzen mit zahlreichen Musteraufgaben und vielen Figuren.

Inhalt: Zahlenrechnen - Algebra - Gleichungen - Logarithmen - Geometrie - Stereometrie - Trigonometrie.
Dieser Band richtet sich an den Lernenden, der in kurzer Form seine Kenntnisse wieder auffrischen möchte und anhand von Musteraufgaben Lösungswege rekonstruieren will.

Bis Sekundarstufe I.